HELLA KRAUSE-ZIMMER

In der Mitte
der Mensch

Offenbarungen und Geheimnisse
in der Kunst

W0096788

VERLAG FREIES GEISTESLEBEN

Die Deutsche Bibliothek – CIP-Einheitsaufnahme

Krause-Zimmer, Hella:
In der Mitte der Mensch : Offenbarungen und
Geheimnisse in der Kunst / Hella Krause-Zimmer. –
Stuttgart: Verlag Freies Geistesleben, 1994
(Falter; 20)
ISBN 3-7725-1420-0
NE: GT

© 1994 Verlag Freies Geistesleben GmbH, Stuttgart
Schutzumschlag: Doris Hecht / Walter Schneider
Druck: Offizin Chr. Scheufele, Stuttgart

Inhalt

Vorwort

Das Motiv, welches die folgenden Betrachtungen zusammenschließt, kann man bezeichnen als: *Der Weg des Menschen durch die Epochen seiner Geistesentwicklung* oder, um exakter zu sein: *Der Weg des Abendländers zu sich selbst.* Staunend nimmt man wahr, wie genau die Kunst ihn aufzeichnet. Nicht *nach*zeichnet, sondern die jeweilige Gegenwart schafft sich durch die Künstler ihre eigene Dokumentation, und zwar die ihrer tiefsten Impulse, die im aktuellen Moment gar nicht an die Oberfläche des Zeitbewußtseins kommen. Sie werden erst im Rückblick von der Zukunft her erkannt. In diesem Erkennen entstehen neue Werte. Vertrauen in die Weltentwicklung bildet sich, das Gefühl der Sinnlosigkeit verschwindet. Man sieht mit Augen: Alles, was wir heute als Bestandteil unserer Persönlichkeit vorfinden, ist Ergebnis und Errungenschaft. Auch und vor allem, was wir *Seele* nennen, entstand in einem langen Prozeß. Er ist keineswegs abgeschlossen, hat aber eine gewisse Reife erlangt. Und genau in diesem Moment sind jene Kräfte mächtig geworden, die uns dazu verführen wollen, zu verleugnen und zu verlieren, was wir errungen haben.

Deshalb ist Besinnung auf den Wert dessen, was unsere Innerlichkeit gebildet hat, auf den Schatz und den Reichtum, der uns Fülle und Niveau gibt, unerläßlich geworden.

In diesem Buch beginnen wir den Weg mit der Betrachtung eines griechischen Reliefs, das rund 2500 Jahre alt ist. Der Kern der Mysterienschulung in den sogenannten Eleusinien rückt damit vor unser Bewußtsein. In reiner, noch frühlingshafter Anfangssituation steht das Bild des Epheben vor uns. Der Mensch unserer Epoche dagegen ist alt, auch wenn er jung ist. Schuldbeladen, leidgeprüft, aber auch wissender und reifer – erwachsener wurde die Menschheit.

Skizzenhaft zeichnen die Bildbetrachtungen diesen zurückgelegten Weg, der bei uns selber ankommt. Unser Bewußtsein erstarkt an dem, was wir auf diese Weise mit Augen sehen können.

Aber indem wir die Entwicklung durchleben und die heutige Ausziselierung der Persönlichkeit begreifen lernen, stehen wir am Schluß auch in der Ahnung eines Neubeginns, den mitzugestalten wir jetzt und hier berufen sind.

Der Mensch zwischen Göttern

Das große Relief von Eleusis

Zu den sparsamen schriftlichen Überlieferungen, welche auf die Mysteriengebräuche von Eleusis ein wenig Licht werfen, treten Ausgrabungsfunde in Malerei und Plastik, die zumindest eine Annäherung an den Geist der Geheimnisse von Eleusis erlauben. Unter ihnen ragt an Besonderheit und künstlerischem Wert ein Relief hervor, das im Jahre 1859 aus dem Boden gehoben wurde. Es zeigt die Göttinnen Demeter und Persephone; in der Mitte steht Triptolemos, dem auch das Tempelchen geweiht war, in dessen Trümmern bei den Propyläen des Weihebezirkes das Bildwerk gefunden wurde.

Im 5. Jahrhundert vor Christus schuf ein Künstler die große, reliefüberzogene Platte aus pentelischem Marmor in einer Breite von 1,52 m und einer Höhe von 2,40 m. Das heißt, die Gestalten der beiden Göttinnen übersteigen erheblich das Menschenmaß. Im Gegensatz zu dieser großen Ausdehnung beansprucht das reiche Spiel der plastischen Gestaltung nur knapp 5 cm Tiefe für das differenzierte, in Erhöhungen und Vertiefungen vielschwingende Flächenbild.

Man glaubt, hier eine Szene aus dem eleusinischen

*Abb. 1: Persephone, Triptolemos, Demeter.
Relief im Museum von Eleusis*

Mythos zu erblicken, und zwar den Augenblick, da Triptolemos von Demeter eine Weizenähre oder ein Samenkorn erhält, womit sie ihn aussendet, die Getreidekultur zu verbreiten. Die Ähre könnte – ebenso wie der unbekannte Gegenstand, den Persephone auf dem Haupte des Knaben zu halten scheint – aus Metall angefügt gewesen sein.

Es gibt noch ein zweites, aber weit kleineres Relief, das – gleichfalls in Eleusis gefunden – den Augenblick der Aussendung darstellt (Abb. 1). Dort sitzt Triptolemos zwischen Demeter und Persephone auf einem Drachenwagen. Seine erhobene Linke empfängt von Demeter vermutlich die Ähre. Den Drachenwagen lieh ihm die Göttin, wie der Mythos erzählt, zur Erfüllung seiner Aufgabe. Da er sich in die Luft erheben wird, gibt es bei ihm weder Zugtier noch Räder für irdische Straßen. Als lebendige Räder, mit Flügel-kräften begabt, werden ihn die geringelten Schlangen bewegen. Auf diesem zweiten Relief wohnen rechts bereits Menschen dem Ereignis bei.

Dieser Bildhauer hat erheblich mehr erzählt, man kann auch sagen illustriert. Das große Relief (Abb. 2) dagegen beschränkt sich auf die drei Hauptpersonen und ihre Beziehungen zueinander so, daß Zuschauer dabei nicht denkbar sind. In Stille und Konzentration tritt der Vorgang uns als ein Wesentliches vor Augen.

Triptolemos steht als Ephebe – als Knabe an der Schwelle des Jünglingsalters – zwischen den Göttin-nen: links von ihm die große, mütterliche Gestalt der Demeter, die, stammend aus der Zeushierarchie der oberen Götter, mit ruhiger Würde den hohen Zepter-stab hält – und rechts ihre Tochter Persephone, die Gattin des Hades, der sie den oberen Göttern entführ-te und zur Königin der Unterwelt erkor. Auf der ver-zweifelten Suche Demeters nach ihrer verschwunde-nen Tochter hatte die Station Eleusis eine wichtige Rolle gespielt; hier begründete Demeter dann die Stätte ihrer Mysterienschulung.

Deutlich spricht sich der Charakter der Göttinnen in Haltung, Gewandung, Haartracht – kurz, in allem aus, wodurch sie künstlerisch in Erscheinung treten. In ih-rer unerbittlich erscheinenden Größe haben sie den Knaben in ihre Mitte genommen. Ihre Gestalten sind aufrecht, ohne jede Beugung und Neigung. In stren-gen parallelen Falten rinnt an Demeter das Gewand zu Boden. Nur im Oberkörper mildern die runden,

Abb. 2: Das große Relief von Eleusis.
Nationalmuseum, Athen.

zarteren Schwünge des Überfalles den Ernst ihrer statuarischen Erscheinung. Das schön gewellte Haar fließt in ungestörten parallelen Bahnen vom Scheitel zum Nacken. An dieser Göttin ist nichts kompliziert, sondern alles sinnvoll und überschaubar – ein Dasein von göttlicher Selbstverständlichkeit.

Persephone hingegen tritt anders in Erscheinung, und anders auch krönt die Frisur ihre vieldifferenzierte Gestalt. Ihr hochgestecktes Haar bringt das Lockengeriesel in die Bewegung verschiedener Richtungen: Nach unten strömt es von der Mitte strahlenförmig aus, als liege der Abglanz der Sonne auf der oberen Schale ihres Hauptes. Dann aber schäumt von rückwärts her der geballte Knoten in diese Zone hinauf, von seitwärts fließt es ihm spitzig zu, aus den waagrechten Wellen aufspringend, die sich ruhig hinziehen über die Breite der Stirn. Um diese kunstvolle Frisur zu sammeln und zu halten, ist ein Band nötig, während die schlichte Frisur der Demeter dessen nicht bedarf. Dort fällt alles von oben nach unten, es gibt keinerlei Überschneidungen. Bei Persephone aber zieht sich diese Kompliziertheit, die im Haar intoniert ist, über die ganze Gestalt.

Schaut man von den Häuptern zu den Füßen hinab, so begegnet man bei Demeter den strengen, geraden Linien, die ruhig und ungestört enden, bei Persephone aber läuft das Kleid in schmalen, unruhigen und unterbrochenen Fältchen aus, die von Vertiefungen zu starken Erhöhungen rhythmenlos wechseln und vibrierend, ja nervös wirken.

13

Um die Hüfte hat Kore (das «Mädchen», ein zweiter Name für Persephone) ein Tuch geschlungen. Es überdeckt das senkrecht gefältelte Untergewand mit waagerechten Schwüngen. Von der Schulter fällt ein Mantel bis fast auf den Fuß herab, der als drittes Motiv das Zusammenspiel der beiden anderen Gewänder teils bereichert, teils verschleiert. Angelehnt noch eine längsgerippte Fackel, die eine vierte Formvokabel in diese linienreiche Partie einfügt, in die dann freilich mit dem Arm der Persephone Größe und Ruhe einströmt.

So haben den Jüngling in der Mitte: von der einen Seite her die «ungekünstelte» Kraft und Schönheit der Demeter und von der anderen Persephone, die in ein unruhiges Licht- und Schattenspiel getaucht ist. Sie, die zwischen oberer und unterer Welt wechselt, die den Hades kennt und den Olymp, den Tod wie die Unsterblichkeit, sie weiß um wechselnde Erhöhung und Vertiefung, um Rhythmus und Antirhythmus, um verschiedene Richtungsströmungen und Überschneidungen. Demeter kennt nur die Erfahrungen der oberen Götter. So groß und schmerzvoll sie auch sein können – dem Leiden der Vergänglichkeit bleiben sie fern. An Persephone aber spiegeln sich auch die Erfahrungen der Sterblichen ab. Als Totenherrscherin kennt sie Dunkelheit und Vergehen; an ihrem Wesenskleide wirken Hades und Himmel zusammen.

Der Jüngling Triptolemos ist fast unbekleidet. In glatten, großen, aber in leisen Schwingungen atmenden Flächen liegt der Bau seines Leibes bloß und ist nur am Rande von schmalen Mantelfalten umspielt: zu Demeter hin am Oberkörper und vorn, zu Persephone hin im Rücken und unten.

Demeter, der Herrin des Mysterions, ist er mit ganzer Aufmerksamkeit zugewendet. Seine Hand hebt sich der ihren entgegen wie Frage zur Antwort. Sein Knie stößt fast an ihr Kleid. Mit nur geringer Winkelung erscheint darüber das verhüllte Knie der Göttin, das ihm durch eine scharf herabfallende Gewandfalte die Grenze seines Schrittes setzt. Triptolemos berührt oder überschneidet das Gewand der Göttin nicht, er hält davor an, er ist am Ziel. Weiter zu gehen ist weder notwendig noch möglich. Sein rechter Fuß steht dicht vor dem rechten Fuß der Göttin. Der rechte Arm hebt sich ihr entgegen, der rechte Oberkörper setzt sich fort in den Wellen des Mantels, als komme er ihr in lebendiger Regung entgegen.

Seine linke Seite, vor allem Schulter und Arm, aber ist zurückgenommen. Hier strömt er zu Persephone hin, als wolle er auch sie in diesem Augenblick nicht kränken und ihre Nähe nicht verlieren. Zwischen seiner Hand und der ihren ist kein Dialog wie bei Demeter, sondern ein paralleler Gleichklang. Zum höher gelegenen, größeren Arm der Göttin steigt die Linie von Hand zu Hand, von Armbeuge zu Armbeuge, von Schulter zu Schulter auf und ab, und gleich ist auch der Schritt mit dem vorgesetzten rechten Fuß. Ja – Persephone und ihr Schützling *schreiten in diesem Augenblick gemeinsam herein!* Man sieht diese Bewegung noch an

Persephones angehobener linker Sohle. Triptolemos dagegen ist auf den linken Fuß zurückgesunken, als sei Demeter überraschend so nahe vor ihm aufgewachsen, als habe es für ihn ein unerwartetes Anhalten gegeben, dem er mit dem zurückgenommenen Körper gerecht wird, während sein Knie noch vorschießt und beinahe die Göttin berührt.

Sein rechtes Bein sieht überhaupt so aus, als wolle es noch weiterschreiten. Man könnte Demeter abdecken und würde den Eindruck haben, Triptolemos schreite, von Persephone im Rücken geschützt, einen ungewissen Weg voran. Er setzt Fuß vor Fuß, immer erwartend, was sich vor ihm auftun wird – und er merkt den großen Augenblick der Demeter-Erscheinung erst, als er da ist. Demeter stellt sich den beiden Schreitenden entgegen, hält ihre von rechts nach links fließende Bewegung an. Das heißt: sie richtet sich nur auf; und lediglich das verhüllte Knie biegt sich wie eine leise Warnung, wie ein leises «Halt» vor das schreitende Bein des Knaben. Oben ist Triptolemos schon völlig der Situation gerecht, unten läuft es noch ein wenig mit ihm davon. Man kann sich dies deutlich machen, wenn man einmal die obere und danach die untere Hälfte des Bildes wechselnd abdeckt. Es ist also in diesem auf den ersten Blick so ruhig scheinenden Bilde eine Fülle feiner Bewegungen, ein Oben und Unten, ein Rechts und Links voll subtilster Verschiedenheiten, die sich untereinander ausgleichen. Diese Mehrdeutigkeit tut dem dargestellten geheimnisvollen Momente gut, wie ja in großen Augenblicken auch zahllose

Regungen von oft widersprüchlicher Art durch unsere Seele ziehen und Bedeutendes meist aus dem Zusammenklingen verschiedener Strömungen entsteht.

Aber wie man die Bildbewegung auf dem Relief auch anschauen mag, *eines* bleibt immer – Persephone führt Triptolemos vor ihre Mutter!

Das ist jedoch gar kein Motiv des Mythos. Dort sendet umgekehrt Demeter den Jüngling im Schlangenwagen hinab in den Hades, um die Tochter heraufzuholen. Weil Kore bereits vom Granatapfel aus des Hades Hand gegessen hat, gelingt es nicht mehr.

Was wir hier sehen, ist keine mythische, sondern eine *Einweihungs*-Szene! In diesem Relief steht Triptolemos als Urbild aller Mysten im innersten Geheimnis von Eleusis.

Hinter ihm liegen die vielen Stufen der Prüfungen, liegt der todesnahe Gang durch den Hades, liegen Gefahr und Not, die er unbeschadet durchwandert hat. Für solche Unternehmung gibt es weder Rüstung noch Helm, hier schützt nur eigener Mut, hier bringt der Mensch nur sich selbst vor die große Lehrerin und göttliche Mutter.

Persephone ist mit ihm geschritten. Nicht *vor* ihm, den schreckensvollen Pfad trostreich erhellend, sondern in seinem Rücken. Er mußte vorangehen, als ob er allein wäre, völlig einsam, ohne Stütze und Wegzeiger, ohne anderes Licht als das der Flamme in der eigenen Brust. Und irgendwann, in einem von ihm ungeahnten Moment, würde er vielleicht das Ziel erreichen.

Es gibt ein Sprichwort, das klingt dem Verstande beinahe spöttisch: «Hilf dir selbst, so hilft dir Gott.» Der Verstand empfindet es wie eine Verhöhnung, denn wenn ich mir selbst helfen kann, so braucht sich Gott nicht mehr zu bemühen. Man meint ja gerade, Gott solle einspringen, wo man sich *nicht* selbst helfen kann. Aber was dem Intellekt verschlossen ist, dem fühlt die Empfindung eine tiefere Wahrheit ab. Sie liegt in jenem eigenartigen Zusammenspiel von Mensch und Gott, das hier angesprochen wird.

Um ein Ziel zu erlangen oder eine Not zu wenden, liegt es uns ob, alle Kräfte rege zu machen. Haben wir dann gesiegt, so «half uns Gott». In der eigenen Leistung ist seine Hilfe mit eingeschlossen. Läge sie nicht darin, so wäre unser Erfolg eitel.

Triptolemos kommt aufrecht, mutig, ungebrochen ins innerste Tempelgeheimnis vor die Offenbarung der Demeter. Er hatte sich dieses Ziel gesetzt, und er half sich selbst, es zu erreichen. Aber im Augenblick höchster Erfüllung ist er sich der Göttin in seinem Rücken bewußt, achtet er darauf, ihre Gegenwart, ihren Segen in dem Erreichnis mit darin zu haben. Er ging allein. Alles, was vor ihm lag, mußte er bestehen; aber den *Rücken* deckte ihm die göttliche Macht und Liebe der Persephone. Die Tochter, die ihn zur Mutter begleitet.

Man könnte unter dieses Relief auch ein Märchenwort schreiben, die Formel, die im Märchen vor Verfolgern abzuschirmen vermag: «Hinter mir Nacht, vor mir Tag!» – Der Weg des Eingeweihten ist für andere

Menschen in Nacht und Schrecken gehüllt, denen sie in großer Scheu ferne bleiben. Für ihn selbst aber wird aus dem, was für andere Dunkelheit ist, die Göttin mit der Fackel. Wenn *vor* ihm der Götter*tag* aufleuchtet, ist er zugleich eingebettet in die wesenhafte Götternacht.

Triptolemos trug seine Seele durch die Prüfungen, in Persephone aber ging die große Weltseele mit – *die* Kraft, die ihn in allen Finsternissen hell-sehend macht.

Goethes Faust geht in eine ähnliche Prüfung, als er mit dem Schlüssel hinab ins Reich der Mütter steigen will. «Nichts wirst du seh'n in ewig leerer Ferne», warnt ihn Mephisto. Aber Faust erwidert: «In deinem Nichts hoff' ich das All zu finden.»

Der Myste darf sich nicht von Einflüsterungen beirren lassen, die ihm in der Not der Prüfungen sagen wollen: «Alles ist Lug und Trug. *Nichts* wirst du seh'n …!» Er selbst verwandelt die Nacht, die vor ihm liegt, durch diesen «hell»-sehenden Blick zum Tage, immer liegt hinter ihm Nacht, vor ihm Tag, immer hebt er aus dem Nichts das All durch die Kraft des Blickes, der das profane Sehen übersteigt.

Die Gesten der Göttinnen sind uns geblieben, das Beiwerk, das sie vielleicht hielten, ging verloren. Wir sehen: Der Myste erlebt sich als von Demeter eine Gabe erhaltend, die ihm zugleich *Aufgabe* ist. In ihrem Lichte erkennt er das ihm zugeteilte Lebenswerk. Für Triptolemos mag es die Ähre sein … für andere anderes; jeder lernt erkennen, *was* die göttliche Welt von ihm erwartet. In Zukunft kann er Wesentliches von Unwesentlichem unterscheiden.

Persephone bildet zu gleicher Zeit ihre Hand auf seinem Scheitel zu einer trichterähnlichen Hohlform, als leite sie einen Strahl in ihn, eine geistige Taufe. (Das Motiv der Taufe durch Persephone ist durch ein anderes Relief belegt.) Wir sehen mitten hinein in den Moment der großen Erleuchtung, den der Initiat in lebendiger Gegenwart der Göttinnen erfährt. Alle Gesten bedingen sich dabei in innerlichstem Zusammenhange – denn *eben der Strahl der Erleuchtung,* die höchst gesteigerte Hellseherkraft aus der Substanz der Persephone, *macht* ihn Demeter erkennen, macht, daß er sie plötzlich vor sich sieht, fühlt und hört. Es ist der Gipfel des Weges, die letzte, kleinste, geheimste Zelle im Tempel, das Allerheiligste, wo Demeter und Kore ihn in die Mitte nehmen.

Wäre die Darstellung zu den Mythenillustrationen zu zählen, so würden wir höchstens sehen, daß Triptolemos neben den Gottheiten *auch* auftreten und vielleicht sogar agieren darf. Aber hier ist er der *Mittelpunkt,* und die Götter sind auf ihn, den Menschen, konzentriert. Das ist ungewöhnlich. Denken wir zum Vergleich an die bekannten Giebelreliefs des Tempels von Olympia. Dort sind auch Menschen zusammen mit einem Gott dargestellt: Oinomaos mit seiner Gattin Sterope, ferner Pelops und Hippodameia, eine Dienerin und ein Wagenlenker … aber in der Mitte steht Zeus! Oder am Westgiebel: Theseus und Peirithoos kämpfen um die Lapithenfrauen gegen die Kentauren, aber in der Mitte erhebt sich Apoll in siegausstrahlender Schönheit!

Abb. 3: Geburt der Aphrodite vom Ludovisischen Thron.

Oder ein Dreifigurenrelief aus dem Beginn des gleichen 5. Jahrhunderts, das sogar in der Komposition eine gewisse Ähnlichkeit hat – die «Geburt der Aphrodite» vom Ludovisischen Thron: zwei Mädchen rechts und links, die sich dienend herabneigen – aber in der *Mitte* Aphrodite (Abb. 3). Immer in der Mitte der Gott!

Im Triptolemos-Relief ist alles umgekehrt. *In der Mitte der Mensch.* Diese Mitte ist nicht ausstrahlend und sich entfaltend (wie bei Aphrodite), sie ist nicht das Große (wie bei Apoll und Zeus), sondern das Kleinere. Und dieses Kleinere zieht in einem nach innen gewendeten Vorgange alle Aufmerksamkeit an. Das Bild macht die Geste der «Verinnerlichung», wunderbar bezeichnet durch die Neigung der Götterhäupter, durch das Dreieck der Köpfe, dessen tiefster Punkt im Kopf des Triptolemos liegt. Der ganze hier bezeichnete Vorgang wird auf einem *Innenweg* gefunden. Es ist ein Geschehen, das bis ins Ich-Zentrum des Menschen hineinwirkt, ja sich dort überhaupt erst verwirklicht. Die Aussendung auf dem Drachenwagen ist eine spätere Stufe, sie ist eine *Folge,* in der sich das Geschehnis als Kulturwirksamkeit bereits wieder nach außen wendet.

Jetzt aber befinden wir uns im Initiations-Moment. Jetzt trifft der göttliche Strahl in den Menschen wie in einen Brennpunkt. Wenn im reinen Spiegel seines Innern die Flamme aufbrennt, dann erfaßt sie ihn mit ganzer Stärke und unvergeßlich für sein Leben. Sie erleuchtet ihm seine eigene Stellung unter den Göttern. Die religiöse Lebenshaltung der Griechen außerhalb der Mysterien drückte sich anders aus, zum Beispiel darin, daß sie im Gebet und beim Opfer unter freiem Himmel waren, daß sie die Arme ausbreiteten, wenn sie zu den Göttern flehten. Sie suchten das Zentrum der Welt in der Hand des Zeus oder beim Omphalos des Apollo von Delphi. *Außerhalb* ihrer! Aber in diesem Relief strömen die Götterkräfte auf den *Menschen zu;* er selbst erlebt sich als das Zentrum des Götterwillens. Das ist nicht die profanreligiöse, sondern die Einweihungssituation. Die Mitte der Welt ist jetzt *er* in seinem eigenen Ich. Die Götter schauen ihn an und erwarten etwas von ihm (sonst erwartet und erbittet der Mensch etwas von den Göttern); in der Einweihung wird er berufen zum Mitarbeiter am Weltenwerk.

Wir sehen, wie der Zepterstab Demeters in die Gestalt des Triptolemos gewissermaßen hineinverschwindet. Er kommt nirgendwo mehr zum Vorschein. «Eigentlich» reicht er ja bis zum Boden, aber man erlebt hier nicht, wie er auf der Erde aufsteht. Natürlich kann man sich das in Gedanken ergänzen, das ist aber nicht dasselbe, als ob man es *sieht*. Was man sieht, ist, daß der Stab in der Beuge des Armes aufsetzt, den Triptolemos der Demeter in Bereitschaft entgegenhebt. Triptolemos selbst ist seine Fortsetzung.

Man braucht sich zum Vergleich nur des Reliefs der sogenannten «Sinnenden Athena» zu erinnern. Welch eine große Rolle spielt es, daß man dort den Stab der (umgekehrten) Lanze in seiner ganzen Länge bis auf den Boden verfolgen kann!

Vorhandene oder nicht vorhandene, durchgeführte oder abgebrochene Formen sind ja ein *Ausdrucksmittel* des Künstlers. Worauf beruht dabei die Wirksamkeit, die jenseits jedes Intellekts unmittelbar zu uns spricht? Wir haben von den Dingen, die wir kennen, nicht nur ein Wissen, sondern ein *lebendiges Formgefühl.* Es sitzt uns nicht nur im Kopf, es sitzt uns im «Ätherleibe».

Wenn nun ein Stab, den man in seiner Länge als Formgestalt genau kennt – den man als *Ganzes* in sich hat –, plötzlich abbricht und aus der Sichtbarkeit verschwindet – wo ergänzt er sich? *In der Unsichtbarkeit!*

Zu diesem Punkte führt uns der Künstler, daß wir dem Stab in die Unsichtbarkeit folgen müssen. Aber in *welche* in diesem Falle? In die, deren äußere Erscheinung Triptolemos ist. In das Wesen des Triptolemos schwindet er hinein, in seine Bereitschaft, wie sie im zur Demeter sich hebenden Arm zum Ausdruck kommt.

Von diesem Momente an gründet die Göttin einen Teil ihrer Regentschaft auf Triptolemos.

Es ist ein großer Augenblick – *auch* für die Götter! –, wenn eine Einweihung gelungen ist.

Wie vieles sagt dieses Relief über das innerste Wesen der Situation!

Die große Nähe der Göttinnen könnte beklemmend wirken. Sie tut es nicht, weil der Jüngling genau den Raum zu füllen weiß, der ihm zwischen den Unsterblichen bleibt. Er stößt an keine an, wendet sich von keiner ab, er fühlt und füllt nach allen Richtungen genau das Intervall zwischen ihnen. Er ist aufmerksam am richtigen Ort gegenüber Demeter und von träumend-sicherer Lockerheit im Kontakt mit Persephone.

In der Haltung der Demeter ist bei aller Erhabenheit und Bestimmtheit etwas Gütiges. Jeder Myste ist – wie es Triptolemos als erster war – ihr angenommener Sohn. Ihn zur Unsterblichkeit zu erziehen und im Feuer der Einweihung zu läutern ist ihr eine mütterliche Aufgabe.

Und Persephone in all ihrer den Menschen überragenden Größe hat etwas Geschwisterliches. Die große Schwester führt den jüngeren Bruder vor die Mutter und versagt ihm ihre Zu-Neigung nicht. In der

Initiation gewinnt die einzelne Menschenseele ihren Zusammenhang mit der Weltseele zurück.

Eine solche, die künstlerische Haltung ganz durchdringende, nach *innen* gewendete Stimmung konnte zu damaliger Zeit kaum anderswo als in Eleusis in dieser Meisterschaft dargestellt werden. Der Mysteriensaal von Eleusis war ein fensterloser Raum, dessen Säulen nicht außen, sondern innen standen. Dort wurde den Mysten das Drama vom Schicksal der Persephone vorgeführt. Ihre erschütterten Seelen folgten dem Sturz der Göttin und zogen ihr miterlebend in den Hades nach. *Innen*wendung verlangte die ganze eleusinische Schulung. Das war dem profanen Griechen damals völlig konträr. Verinnerlichung ist zugleich Vereinsamung. Der Mensch allein unter den Göttern – das konnten nicht viele ertragen. Als aus dem Mysterienspiel von Eleusis das öffentliche Drama allmählich hervorwuchs, verließ es den Innenraum sofort und schuf sich unter freiem Himmel ein Amphitheater. Nicht wollte der Grieche sich von den Götterkräften abschließen, die er überall in der freien Natur waltend empfand und die ihn trugen und stärkten. Nur die Mysterienstätten gingen ihrer Zeit voraus. Sie verlangten von den Auserwählten Seelen- und Geistesabenteuer, die den Profanen nicht zugemutet werden konnten. «Profane, entfernt euch!» heißt der Mysterienwarnungsruf von Eleusis.

Jetzt können wir noch deutlicher den Unterschied ermessen, der das große und einmalige Relief von dem kleineren Triptolemos-Relief trennt. Zwar haben wir auch hier das Motiv: der *Mensch* in der Mitte zwischen den Göttinnen, die sich ihm zuneigen, aber dieser Triptolemos auf dem Drachenwagen ist nicht zugleich die Mitte des Bildes, sondern die Mitte liegt zwischen ihm und Demeter, dort, wo die Hand der Göttin – wie vermutet wird – die Ähre hält. Jetzt ist die *Aufgabe,* die Sache, der zu vollziehende Auftrag der Mittelpunkt. Beim großen Relief kam es zunächst auf den Menschen an, und die «Sache» war noch ein Neben-Vorgang.

Auch das Verhältnis zu Persephone ist ein ganz anderes. Sie berührt Triptolemos nicht, ja, sie *könnte* es gar nicht, denn beide Hände sind ihr mit großen Fackeln gefüllt, und der Rücken des Triptolemos (wie ist er auf dem anderen Relief zu Persephone hin offen!) wird hier von der Lehne des Schlangenwagens bedeckt. Nach rechts aber geht es schon ins Freie und hin zu den Menschen, welchen diese Kulturtat dienen soll. – Auf dem *großen* Relief wären Zuschauer oder Zeugen nicht denkbar. Aber hier sind wir nicht mehr im Einweihungsvorgang in innerster Tempelzelle, sondern stehen am Tor, und Demeter entläßt ihren neuen Sohn in die Welt.

Und etwas anderes noch spielt eine Rolle: die vertauschte Richtung von rechts und links!

Auf dem großen Relief trat Triptolemos von rechts herein und erlebte Demeter, End- und Zielpunkt seines Weges, als von links sich ihm offenbarend. Auf dem kleinen Relief dagegen wird Triptolemos in die andere Richtung entlassen. Persephone bleibt hinter ihm zurück, und ihre zwei großen Fackeln sind wie Pfosten, die sich schließen werden. Triptolemos geht in die Erdenwelt zurück, die Einweihung ist tief in ihn versenkt, seine äußere Lebensaufgabe beginnt.

Das große Relief von Eleusis kann allein schon die Meinung widerlegen, Kern und Sinn antiker Einweihungen habe in «faulem Zauber» bestanden, in einer Benebelung der Sinne oder der Seele, von Priestern in mißbrauchter Magie betrieben. Das Ziel des Einweihungsweges ist dieser Vorgang: sich wach unter Göttern zu erleben und Menschen-Sein und -Sinn dabei zu erkennen. Zu wissen, was sterblich ist und abgelegt werden muß, zu wissen, was unsterblich bleibt und in Sohn- und Bruderschaft angenommen wird.

Individualität und Gruppe

Die Justinian- und Theodora-Mosaiken in Ravenna

Über die Einzigartigkeit der Mosaiken von Ravenna braucht man rühmende Worte nicht zu verlieren. Sowohl die Zyklen an den Längswänden von Sant'Apollinare Nuovo als auch die Mosaiken von San Vitale, unter denen sich auch die Justinian- und Theodora-Mosaiken befinden (Abb. 4 u. 5), gehören zu den größten Kunstschätzen Europas. In San Vitale hat der antike Zentralbaugedanke seinen späten, aber vielleicht vollendetsten Ausdruck im Abendlande gefunden. Dem Achteck gliedert sich im Osten eine Apsis an. In ihr wird die marmorne Pracht des Innenraumes durch Mosaiken aufs höchste gesteigert. In der Wölbung der Altarkonche thront ein jugendlicher Christus auf blauer Weltkugel. Durch solche Darstellungen kam noch ein Hauch des Griechentums in die frühchristlichen Jahrhunderte herein, hier außerdem noch aufgefangen von der arianisch gestimmten Geistigkeit der germanischen Wesensdisposition, wie sie während der Gotenherrschaft besonders in der Residenzstadt Ravenna herrschte. Von diesem Geist durchdrungen empfindet man auch die Mosaiken über den Säulen des Presbyteriums, des Vorraums zur Apsis.

Wann genau der Bau begonnen wurde, ist nicht bekannt, die ungefähre Zeit ergibt sich aber, weil man weiß, daß er unter Bischof Ecclesius (521–532) entstand, der mit dem Modell des Baues in der Hand in der Konche dargestellt ist. Gestiftet hat San Vitale, ebenso wie die Kirche in Classe, der demnach außerordentlich reiche ravennatische Bankier Julianus Argentarius. Während der Bischof, der «die Erlaubnis» gab, ins Goldfeld zu Christus emporgerückt ist, wird der Spender in der Bilderwelt des Baues dezent verschwiegen. Es mag sein, daß Bischof Ecclesius der *geistige* Vater des Baugedankens und all der damit verbundenen Schönheit gewesen ist.

Fertiggestellt waren die Mosaiken erst 547; die Kirche wurde von Erzbischof Maximianus geweiht, einem von Justinian eingesetzten Kleriker. Während der Bauzeit von San Vitale hatte sich in Ravenna die große Umwälzung vollzogen. Im Jahre 526 war nach 33jähriger Regierung der Ostgotenkönig Theoderich gestorben. Etwa um diese Zeit mag der Beginn des Baues von San Vitale liegen. Unter der Herrschaft von Theoderichs Tochter Amalasuntha, die für ihren unmündigen Sohn Athalarich regierte, blieb die Gotenherrschaft zunächst bestehen. Aber Athalarich starb (oder wurde ermordet?) 534. Amalasuntha erhob ihren Vetter Theodahad zum Mitregenten. Er ermordete sie 535.

Nun war die Zeit der Goten nur noch bis 540 bemessen, dann fiel Ravenna unter die Herrschaft des oströmischen Kaisers Justinian, und das arianische Christentum wurde zur Ketzerströmung erklärt. Ein

Abb. 4: Kaiserin Theodora mit Hofstaat.

Ravenna, San Vitale.

Jahr nach Fertigstellung der Mosaiken – 548 – stirbt die in San Vitale so prachtvoll dargestellte Kaiserin Theodora. Das ist der historische Hintergrund der Bauzeit von San Vitale.

Die Kaiserpaar-Mosaiken überziehen die Seitenwände im hintersten Teil der Apsis, befanden sich also rechts und links vom Altar, der ursprünglich dort aufgestellt war. Die Künstler scheinen die gleichen geblieben zu sein, welche nun, nach dem Herrschaftswechsel, dem Glanz des oströmischen Kaiserhauses ihre Kunst leihen. Der Übergang von der arianischen zur byzantinischen Ära vollzieht sich milde. Offenbar waren diese Wandflächen beim Zusammenbruch der Gotenherrschaft noch frei, so daß nicht – wie in Sant' Apollinare Nuovo – die kaiserliche Familie des Theoderich ausgelöscht werden mußte, um den neuen Regenten Platz zu machen. Gleichwohl spürt man in der zeremoniellen Strenge dieser Bilder bereits den byzantinischen Geist. Der große, freie Zug des Theoderich (in die Sage eingegangen als Dietrich von Bern), der Orthodoxe, Katholiken und Arianer unter seiner Regierung ihre Glaubensform darleben ließ, verschwindet vor der Gleichgerichtetheit der offiziell erlaubten Glaubensformen.

Das in Byzanz lebende oströmische Kaiserpaar ist den Künstlern von Ravenna kaum von Angesicht bekannt gewesen (auch wenn vielleicht griechische Mosaizisten darunter waren), die Porträtähnlichkeit erklärt sich wohl aus der Kenntnis von Darstellungen anderer Hand. Wen aber die Künstler von Angesicht kannten, das war Maximianus, der ihnen von Justinian gesandte neue kirchliche Oberherr. Seine Betonung auf den Mosaiken ist deutlich – Justinian war der ferne, der Erzbischof aber der nahe Herr!

Die byzantinische Kunst strebt nicht nach Lebendigkeit im Sinne von Augenblickssituationen; sie möchte alles im Überzeitlichen ansiedeln. So auch ist die Augenblicksgeste, in der Theodora den Goldkelch erhebt, zur zeitlosen Geste geronnen. Sie drückt, ebenso wie die Darbringung der goldenen Schale durch Justinian, den grundsätzlich christlichen Charakter dieser Herrscher und ihre immerwährende Huldigung für Christus aus (die Heiligen Drei Könige am Rocksaum der Theodora bekräftigen dies); sie ruft gleichzeitig in Erinnerung, daß dieses Kaiserpaar auch als Förderer der Kirche San Vitale verstanden werden soll. Es bringt die Gefäße für Brot und Wein und intendiert den Beginn des Kultus in San Vitale. Unendlich leicht schwebt der große gold-grün gezierte Kelch in den Händen Theodoras – wie ein Gral, der sich durch sich selber trägt.

Die Fähigkeit der Künstler dieser Zeit, Augenblick und Gegenwart als Teil des Goldgrundes der Ewigkeit zu erblicken, ist uns Heutigen verlorengegangen. Wenn es auch nicht im Sinne früherer Art erstrebt werden kann, so dürstet doch auch heute die menschliche Seele nach dieser «Verbindlichkeit», welche irdische Handlung mit Weltensinn verknüpft.

Die hervorragendste Gestalt der Mosaiken ist zweifel-

Abb. 5: Darbringung der Patene durch Kaiser Justinian.

Ravenna, San Vitale.

los Theodora. Der Kaiser wirkt dagegen bescheiden. Ihr Kronenaufbau ist höher, und vor allem ist ihr Haupt von einem erheblich größeren, weit ausladenden Nimbus umgeben, dazu wird sie von einer Muschelnische betont, die sich wie ein Baldachin, gold- und perlenverziert, in Grün und Rot über ihr wölbt. Ihr Schritt und ihre Geste sind bedeutender und entschiedener. Ihre Augen blicken zeitlos über alle und alles hinweg, während der Kaiser mit direktem, irdisch gerichtetem Blick geradeaus sieht.

Die rhythmische Gliederung der Theodorawand ist ein Wunderwerk für sich, dagegen nimmt sich die statuarische Frontalität der Justinianseite ziemlich phantasielos aus. Es mögen wohl zwei verschiedene Künstler die Urheber sein. Vom unteren Menschen sind auf der Frauenseite nur die Fußspitzen zu sehen. Der Ausdruck des Menschlichen und Persönlichen liegt ganz in Antlitz und Händen und in der wundervollen Aufrechte, in der sich alle darstellen! Ein vielfältiges seelisches Kolorit geben die Farben und Formen der Gewänder, ihre Musterung und Drapierung, was die Gestalten stark differenziert. Während über der Kaiserin die Wölbung emporweicht, hängt windgefüllt ein rot-weiß-blaues Tuch mit nach unten ziehendem Schwung über der rechten Frauengruppe herab. So ist die Zone über den Häuptern durch Rundformen wellenartig bewegt. Über der Männergruppe dagegen zieht sich ein schmales, auf Säulen ruhendes Dach gleich einem Ornamentband über alle Köpfe hin, die Aufreihung der Gestalten eher betonend als lockernd.

Das Zusammentreffen des Musters über dem Kaiser hat kaum eine hervorhebende Wirkung.

Die Figuren der Frauenseite sind etwas kleiner, dadurch hat die Szene mehr Freiheit und Luft, nicht nur in der oberen Zone, sondern auch in der grünen Zone des Bodens, auf welcher die roten Fußspitzen der Damen so deutlich werden. Nur die Kaiserin hat auch zu Schmuck und Gewand passende Schuhe – Persönlichkeit von Kopf bis Fuß. Die Gewändersäume beschreiben im ganzen gesehen einen leichten Bogen, der zu Theodora ansteigt und von ihr aus wieder abfällt. Vor allem aber steigt die *Schrittbreite* zur Kaiserin an und verringert sich dann wieder. Alle diese Feinheiten tragen die Geste der Darbringung mit und machen sie bedeutend und eindrucksvoll. Die Haltung des Kaisers mit seiner Schale wirkt dagegen prosaisch; keine rhythmische Welle hebt dort die Weihe und Besonderheit des Augenblicks hervor. Und der Kaiser hat es trotz seiner auszeichnenden Purpurgewandung schwer, den Vorrang zu behaupten.

Für Theodora gibt es – so schön und interessant ihre beiden Nachbarinnen auch sind – keine Rivalin. Deutlich reckt sie sich über alle empor und zeichnet sich vor allen aus. Auch das kultische Gewicht liegt allein bei *ihrer* Handlung, keine Priester gehen ihr voran. Während die Männerseite eng in das Rechteck des Feldes eingeschachtelt ist, bleibt hier noch freier Raum für eine Tür mit gerafftem Vorhang, so daß das Theodorabild zugleich wie ein schreitender Prozessionszug wirkt.

Vor dem Türausschnitt steht ein kleiner Springbrunnen. Solche Springbrunnen hat man als Metapher für den Quell des ewigen Lebens, an dem Tauben trinken, öfter dargestellt. Hier trinken keine naturalistischen Tauben, vielmehr bildet der Wasserstrahl selbst ein kleines Köpfchen, von dem zwei herabrinnende Strahlen wie Flügel ausgehen. Das weiß-blaue Becken dieses Lebenswassers wird unten von einem Zeichen der Dreifaltigkeit getragen. Wir merken schon, daß hier ein ganz erstaunlicher Künstler am Werke gewesen ist. Und wir spüren dem Bilde an – und das ist seine große, zeitlose Wirkung –, daß diesen Künstler nicht die irdische Theodora interessiert hat, die im weit entfernten Byzanz als mehr oder weniger sittenreine Herrscherin lebt. Sie gibt ihm nur das Bild ab für ein Ideal, für eine Frau, die von jener hohen Weisheit durchdrungen ist, die einst auch die Könige nach Bethlehem führte, wie sie unten an ihrem Rocksaum zu sehen sind. Und so erlaubt er sich, ihr jenen großen Rundnimbus zu geben, der eigentlich verstorbenen Heiligen und Märtyrern vorbehalten war. (Zuweilen sieht man in der Mosaikkunst *rechteckige* Nimben, etwa um den Kopf eines Bischofs, dann handelt es sich um einen damals zwar verehrten, aber noch lebenden Menschen.) Um den Kopf des Kaisers ist der Nimbus auch angebracht, aber zaghafter und nüchterner.

Der Kaiser trägt einen dunkelvioletten Mantel (auch als Purpur bezeichnet), eine Farbe, die gerade in Ravenna oft dem Christus gegeben wurde. So hebt er sich zwar wie ein feierlicher Glockenton in der Mitte des Bildes zwischen seiner weißgewandeten Umgebung ab, aber ihm voraus gehen die Kleriker mit Weihrauchfaß, Evangelium und Kreuz. Vor allem Erzbischof Maximianus mit seinem Goldmantel und der großen Namensschrift über dem Haupt beeinträchtigt die Hervorhebung des Kaisers. Der Künstler hat (mit Absicht und feinem Humor?) ein kleines Gerangel um den Vortritt zwischen den beiden Personen dargestellt: In der Fußzone steht der Erzbischof *vor* dem Kaiser, mit dem Ellenbogen weicht er *zurück* (obgleich er, der Fußzone nach, eigentlich vor dem Kaiser stehen müßte); die Länge des Oberarms ist gegenüber der anderen Seite verkürzt, so daß seine Geste in gleicher Höhe mit der des Kaisers liegt. Eine farbenfrische Note bringt nur die Leibgarde ins Bild, die auf ihrem grünen Schild das Christusmonogramm trägt.

Aufs Ganze gesehen ist es ein glücklicher Griff, daß rechts und links vom Altar nicht beide Seiten den luziden, hochgesteigerten Charakter des Theodorafeldes haben, sondern daß eine mehr trockene, unterspielende Nüchternheit die Männerseite kennzeichnet. Es befinden sich im linken Feld auch *nur* Männer, während auf der Frauenseite die Einseitigkeit vermieden wird, indem zwei Hofbeamte der Kaiserin dienend vorangehen. Mit ihrer frontalen Haltung und ruhigen Farbigkeit, mit streng senkrechten Gewandfalten bieten sie der Vorwärtsbewegung eine Art Widerstand, wodurch sich die Geste der Theodora noch deutlicher hervorhebt.

Aber es sind noch andere künstlerische Züge, die zur Wirkung des *Theodorabildes* beitragen. In diesem Felde herrscht eine innere Spannung – zwischen Individualität und Gruppenseele! Theodora ist der hervorgehobene Ausdruck der durch sich selbst und auf sich selbst stehenden Persönlichkeit. Die Frauengruppe rechts dagegen ist auch im Antlitz «Gruppe». Die fülligen Gesichter sind geschwisterlich gleich und zeigen kaum persönliche Züge. Sie reichen an das durchgeistigte, von großen Augen beherrschte Antlitz der Kaiserin nicht heran. Dazwischen stehen die beiden Hofdamen, der Kaiserin nicht nur räumlich näher, sondern auch bereits stark persönlich geprägt. Ihre Gestalten bleiben isoliert, die Köpfe liegen weit auseinander und sind nicht gruppenhaft zusammengedrängt.

So mag es nicht verwundern, wenn vor diesem Bilde die *Klassische Walpurgisnacht* aus Goethes «Faust» im Gedächtnis auftaucht. Es spielt keine Rolle, daß die Königin dort Helena heißt; Goethe handelt das gleiche Thema mit dem Hofstaat dieser Helena ab. Nach ihrem Tode fühlt sich der «Chor» der sie begleitenden Mädchen verlassen. Alle hatten ihr geistiges Rückgrat in ihrer Herrin. Nur die Anführerin hat sich – wie hier die beiden ersten Damen – schon mehr Eigenständigkeit erworben; diese Kraft benutzt sie, um ihrer Königin in den Tod nachzufolgen. Auf sich allein kann und will auch sie noch nicht stehen:

Mit meiner Königin zu sein, verlangt mich heiß,
Nicht nur Verdienst, auch Treue wahrt uns die Person.

Hier fällt das Schlüsselwort – es geht um Ausbildung und Wahrung der eigenen Persönlichkeit! Der «Chor» fürchtet sich vor dem Tod und gibt lieber die Persönlichkeit auf *(Zwar Personen nicht mehr, das fühlen, das wissen wir)*, die Mädchen werden elementarische Wesen, sie haben ihre Menschlichkeit verloren. Die Anführerin dagegen gibt in der Nachfolge ihrer Königin lieber das Leben auf und rettet sich dadurch als Person.

Persönlichkeit werden war ein Ziel, ein Ideal der europäischen Menschheit; es gipfelte und überschlug sich im Persönlichkeitskult der Renaissance und nachfolgender Zeiten. Die Betonung und Verherrlichung der Persönlichkeit, die doch so viele Schattenseiten hat, ist nur daraus zu verstehen, daß diese Kräfte nicht einfach vorhanden waren, sondern erworben werden mußten.

Wo und solange die sich hervorhebenden Persönlichkeiten wirklich Voranschreitende waren, hatten sie eine Gefolgschaft, welche Treue als ihre höchste Ehre ansah. In den Sagen der Völker spiegelt sich die – oft erschütternde – Treue der Gefolgsleute. *Auch Treue wahrt uns die Person.* Sie schlossen sich an die starke Persönlichkeitskraft eines anderen an und lösten sich dabei langsam aus dem Gruppenwesen. Wenn derjenige, auf den sie konzentriert waren, starb, drohte ihnen die Aufrichtekraft zu entschwinden. Dann konnten sie ins Gruppenhafte oder sogar unter dieses Niveau zurückfallen; sie konnten aber auch in der Treue ein Richtmaß für ihr weiteres Leben finden.

Theodora – wir könnten ebensogut Helena sagen, oder einfach: die voranschreitende Persönlichkeit – zieht wie eine Schleppe die anderen mit sich. Den Schluß macht die Gruppe oder der Chor, jene Mädchen, die hier durch ihre Gewänder zwar eine unterschiedliche Seelenhaftigkeit erkennen lassen, die aber noch nicht allein und frei stehen mögen.

Dieses Entwicklungsstadium ist als aktuelles Zeitproblem heute überholt. Die Treue ist eine Tugend geblieben, aber die Treue zum *Geist,* nicht zur Person. Niemand soll heute – auch nicht aus Treue – aus der Persönlichkeit eines anderen heraus handeln, sondern aus eigener Verantwortung. Deshalb finden wir in den Kunstwerken dieses Problem kaum noch. Was wir aber heute reichlich finden, ist das Gegenteil: nicht Menschen, die aus der Gruppenhaftigkeit heraus zur Individualität streben, sondern Menschen, die ihre Persönlichkeit in der *Masse* verlieren und geistig antlitzlos werden! Die Masse, die Anonymität, die Gesichtslosigkeit der Kräfte, die uns beherrschen – und das mehr, als Kaiser und Könige es je konnten –, ist unser heutiges Problem.

Der Ausdruck noch nicht erreichter Persönlichkeit ist nicht niederdrückend, wohl aber derjenige *verlorener* Persönlichkeit.

Es soll hier nicht abgehandelt werden, daß natürlich nicht jene egoistisch betonte Erdenpersönlichkeit, sondern die verantwortungsbewußte Individualität das Ziel des Menschen ist, daß also auch hier noch ein Übergang dargestellt werden müßte. Aber wer niemals Persönlichkeit geworden ist, kann auch seine Individualität nicht ergreifen. Auf jeden Fall ist das der Entwicklungsweg des Abendlandes.

So hat der Künstler des Theodora-Mosaiks nicht nur Zeitgeschichte dargestellt, sondern etwas viel Umfassenderes: das Ideal geistdurchdrungener Persönlichkeit; einer Würde, deren die in der Gruppenseele Befangenen noch nicht selber teilhaftig werden können. Sie bleiben «Chor», sie werden nicht «Königin».

Im großen gesehen sind wir zwar historisch auf einer anderen Stufe, dennoch haben wir einzelnen auch heute noch sehr viel in uns umzuwandeln, ehe wir uns aus gruppenhaften Vorurteilen und Gewohnheiten so individualisiert haben, daß wir wirklich auf uns selber stehen. Und *wenn* wir das können? Dann ist die uns gemäße Geste: *das Opfer!* Weil diese Geste da ist, weil die Mittelgestalt nicht auf sich selbst beharrt, ist dieses Mosaik zeitlos und gerecht. Es dringt durch alle Schichten der Jahrhunderte in unmittelbarer Aussage bis zu uns, es zeigt einen Abschnitt des großen Menschwerde-Prozesses.

An der Schwelle
zu einem neuen Weltgefühl

Der Ritter im Laubwald

Ein kleines Bild, welches man «Laubwald mit dem hl. Georg» zu nennen pflegt, wurde im Jahre 1510 von Albrecht Altdorfer gemalt (Abb. 6). Es ist ein kunstgeschichtlich hochinteressantes Blatt, denn es dokumentiert wie wenige Werke die Abwendung vom Mittelalter, den Auf- und Ausbruch der sogenannten Neuzeit. Sie hatte sich seit dem 12. Jahrhundert spürbar vorbereitet, in der Mitte des 15. Jahrhunderts vollzogen und gewitterte mächtig um ihre erste Jahrhundertwende. Um mit zwei Stichworten die Situation ins Gedächtnis zu rufen: Im Jahre 1498 wurde *Savonarola* auf dem Marktplatz von Florenz verbrannt. Im Jahre 1510 – auf welches unser Blatt datiert ist – ging ein deutscher Mönch nach Rom und erlebte es als Sündenbabel; er hieß *Martin Luther.* Der Keim zur Reformation senkte sich in Rom in seine Seele. Sie wird bald alle Geister und Herzen in ihren Strudel ziehen; auch unserem Maler des Laubwaldbildes steht das bevor.

Das Mittelalter kannte keine Landschaftsbilder. Überall und immer stand der Mensch im Mittelpunkt.

Abb. 6: Albrecht Altdorfer, Der Ritter im Laubwald
(auch «Laubwald mit dem heiligen Georg» genannt).
Alte Pinakothek, München.

Landschaft war Beigabe, Hintergrund oder Staffage für menschliche Gestalten und Szenen. Altdorfer gehört zu den ersten und vor allem zu den Konsequentesten, die hier eine Wendung um 180 Grad vollziehen. Das Blatt, das wir betrachten, ist zur Hauptsache flirrendes, rauschendes Blättergrün; leicht übersehbar ist die kleinfigurige Szene rechts.

Einer so veränderten Malerei muß auch ein verändertes Weltgefühl zugrunde liegen. *Kopernikus* lebte um diese Zeit. Die Erde rückte aus ihrer Mittelpunktstellung im All – und mit ihr der Mensch. Wurde der Erdball *(Behaim* hatte 1492 den ersten Globus geschaffen, den man «Erdapfel» nannte) nur zu einem Körnchen Staub, welche Bedeutung konnte dann der Mensch noch haben?

Solche Fragen durchzitterten die Zeit; Fragen, die bis heute aktuell geblieben sind. Kolumbus entdeckte Amerika, man machte eine Erfindung nach der anderen, aber man erlebte in den Seelenuntergründen auch die Bangnis vor den Konsequenzen all dieser umstürzlerischen Dinge und Gedanken. Auch auf Altdorfers «Laubwald» ist das alte innere und äußere Gleichgewicht, das den Menschen ganz selbstverständlich als Schwerpunkt des Bildes gekannt hat, völlig aufgegeben – so mancher Betrachter mag sich damals dagegen gewehrt haben.

Lange Zeit hat Altdorfer als erster Landschaftsmaler gegolten, für den der «Laubwald» eine Station, gewissermaßen noch ein Kompromiß gewesen ist, von dem er dann zu den Bildern überging, die überhaupt keine

Andeutung einer menschlichen oder tierischen Gestalt mehr geben. Inzwischen aber hat die Kunstforschung ihre Sicht nach zwei Seiten hin erweitert: in bezug auf Altdorfers Werk sah sie, daß die Eroberung des Landschaftsbildes nur ein Bruchteil seiner künstlerischen Leistung ist und daß er keineswegs den Menschen aus der Malerei verdrängt hatte – zum anderen wurde klar, daß diese Bestrebung, Landschaft als Eigenthema zu gestalten, so stark in der Zeit lag, daß sie sich gleichzeitig überall zu regen begann: bei den Italienern, bei den Holländern und in Deutschland, zum Beispiel auch bei Albrecht Dürer, der diese Blätter aber nur in seine Schubladen verschloß.

Altdorfer tritt unter diesen Pionieren nicht nur besonders in Erscheinung, bei ihm läßt sich auch klar erkennen, daß es sich hier nicht nur quantitativ um eine Erweiterung von Bild*themen* handelt (die jetzt vom rein Religiösen auch auf Profanes übergingen), sondern um etwas *qualitativ Neues* von größter Bedeutung. Es wird jetzt etwas erobert, was gerade Altdorfer bereits so stark auszudrücken vermag, daß man ihn auch schon einen verfrühten Romantiker genannt hat – nämlich Natur*stimmung!*

Die Landschaft des Mittelalters, die als Beigabe oder Hintergrund auftrat, hat sie ebensowenig wie die Renaissance-Landschaft, die nach antiker Art mit Elementarwesen – Nymphen, Satyrn usw. – angefüllt wurde. Dergleichen ergibt nicht «Stimmung», jedenfalls nicht im mitteleuropäischen Sinne. Stimmung bedeutet uns etwas *Seelenhaftes.* Durchseelte Natur, durchseelte Landschaft vermag Altdorfer zu malen. Das ist eine große Errungenschaft und ein großes Zeitzeichen.

Die Versenkung italienischer Künstler in die Welt der Antike hat weitreichende Folgen für die europäische Kunst gehabt – aber *das* konnte sie nicht bringen! Von der Antike war zu lernen *Naturgeistigkeit,* ein Zurückschlagen des Sinnenteppichs, um der dahinter webenden Geister bewußt zu werden (soweit dies nicht pure Allegorie blieb). Aber seit dem Ereignis auf Golgatha hatte sich ja die Erde grundlegend verwandelt. Die antiken Götter wichen zurück, Christus zog ein. Er zog nicht nur in die Erde, sondern auch in die Seelen der Menschen, die ihn durch Verinnerlichung mehr und mehr zu umfassen suchten. Nachdem in der starken Frömmigkeit des Mittelalters dieser Prozeß eine gewisse Reife erlangt hatte, zeigte sich, daß die nun durchchristete Seele eine *Kraft des Ausstrahlens* besaß, die es in der Antike nicht geben konnte. Diese Ausstrahlung erfüllte den menschlichen Umkreis, ja, sie veränderte die Welt, durchzog sie mit seelenhafter «Stimmung».

Dies wird nun zum ersten Male künstlerisch wahrgenommen und als ein Ereignis manifestiert: die vom Menschen her seelisch erfüllte Welt der Natur! Die antike Seele konnte solche Innerlichkeit in ihre Umwelt noch nicht ergießen, denn diese Kraft entstand erst, seitdem der Logos-Gott im Menschen selbst Wohnung nahm. Damit kommt zur alten Naturgeistigkeit, wie sie vorchristliche Zeiten begreifen und darstellen konnten, eine neue Qualität hinzu, die – besonders in Mittel- und Nordeuropa – plötzlich künstlerisch erfühlt wird.

Wenige Jahre, bevor Altdorfer zu unserer Waldlandschaft mit dem Ritter gelangte, entstanden ihm einige Bilder, die diese Verbindung von alter Naturgeistigkeit mit neu errungener, durchseelter Natur gewissermaßen zusammenzufassen suchen, so im Jahre 1507 die «Landschaft mit Satyrfamilie». Da sind die Bäume und Gräser schon ganz von der neuen Belebtheit durchdrungen, aber zugleich setzt er in dieses Waldstück einen Satyr zu einer Frau mit kleinem Kind. Alles ist nah und lebendig, fern jeder allegorischen Abstraktheit.

Als besondere malerische Errungenschaft Altdorfers gilt überhaupt der *Wald.*

«Noch keiner vor ihm hatte das Waldweben gemalt. Alle waren am Eingang des Waldes geblieben. Altdorfer als erster ging hinein, fuhr wie ein Bergmann in den grünen Schacht. Die Äste der Bäume schlugen über ihm zusammen, der blaue Himmel verschwand. Die Sonnenstrahlen rieselten durch die grünen Blätter, das Moos lag wie ein sammtener Mantel über der Erde.»[1]

Als Idylliker und Märchenerzähler, als frühen Joseph von Eichendorff mit dem Pinsel – so sah ihn das 19. Jahrhundert. Aber mit dem ansteigenden 20. Jahrhundert wurde Altdorfer mehr und mehr auf ganz neue Weise entdeckt. Schon 1939 bei Otto Benesch und auch in der 1965 erschienenen Publikation von

Eberhardt Ruhmer ist Altdorfer als «einer der großen Führenden» erkannt, «die das Bild der deutschen Kunst an der Zeitwende entscheidend bestimmten» (Benesch), als einer, der in fast jedem Werk «Epoche macht» und deshalb, neben Dürer, am stärksten in die Zukunft weist (Ruhmer).

Wir müssen uns hier versagen, auf sein Malergenie und die hohe und kraftvolle Geistigkeit in seinem Werke näher einzugehen, genannt seien nur als Anhaltspunkt die beiden großen Bilder «Die Alexanderschlacht» in München und «Die beiden Johannes auf Patmos», heute in Regensburg, ferner der Altar von St. Florian bei Linz. Aber schon das kleine Bild vom «Laubwald» trägt den gleichen geistigen Atem, den Atem, der damals wehte, als das Zeitalter der Verstandes- oder Gemütsseele versank (und damit auch das sogenannte Mittelalter), und das Zeitalter der Bewußtseinsseele anbrach, in dem wir uns noch immer befinden.

An dieser Bruchstelle der Epochen lag es dem Menschen zunächst noch nahe, sich tiefere Wahrheiten in Form von *Legendenbildern* klarzumachen; mit ihnen lebten die Seelen und konnten sie nach allen Richtungen hin durchfühlen. Der Mensch ist dabei ganzheitlicher und meditativer beteiligt, als wenn er jedes Problem auf den schmalen Grat der Intellektualität treibt, wie das heute als selbstverständlich gilt, weswegen wir auch die alten Formen der Auseinandersetzung mit Weltproblemen nur schwer verstehen können.

Eine der beliebtesten Legenden war damals diejenige vom Ritter Georg, der den Drachen besiegt. Die Jahrhunderte zuvor hatten ihren Blick auf das kosmische Urbild dieses Drachenkampfes gerichtet – auf den Streit des *Erzengels Michael.* An ihm erlebten sie den himmlischen Ritter, welcher der Menschheit im Kampf gegen Versuchermächte beisteht. Nun aber hebt sich der Blick seltener zum Erzengel empor, der die höheren Gefilde von dem Untier reinigt. Die Menschen fühlen sich jetzt auf der Erde heimischer als im Himmel, und nun wächst ihre innere Beteiligung am Kampfe desjenigen Ritters, der den herabgestürzten Drachen bereits im Irdischen vorfindet. Wenn man Georg auch als die ausgestreckte Hand Michaels, als seinen irdischen Repräsentanten betrachtet, so ist es doch bedeutsam, daß nun der Kampf auf einer ganz anderen Ebene als aktuell empfunden wird.

Abgesehen von der Malerei wurden solche Darstellungen im Schwarz-Weiß der Holzschnitte weit verbreitet. Die Männer, die sich immer wieder in dieses «Märchen» versenkten und durch Stift und Pinsel den Ritter über das Ungeheuer siegen ließen, waren keine verträumten Eigenbrötler, auch keine frommen, weltabgeschlossenen Mönche. Es werden im Gegenteil gerade um diese Zeit die namhaftesten Künstler zu Trägern hoher weltlich-sozialer Würden und Bürden. So stieg auch Altdorfer, der mit etwa 24 Jahren in die Handelsstadt Regensburg kam, rasch zum Ratsherrn, zum Friedensrichter, zum Pfleger eines Klosters und zum Stadtbaumeister auf. Als er das Bürgermeisteramt übernehmen sollte, lehnte er um seiner Malerei willen ab.

Ein Jahr später, nach dem «Ritter im Laubwald», 1511, gibt Altdorfer den Drachenkampf in einem Holzschnitt so, daß man die Legende genau daran ablesen kann: Gut ist der Reiter für seinen Kampf gerüstet, selbst sein Pferd ist völlig gepanzert, so daß die Ohren wie zwei harte Hörner hervorstoßen. Hinter Büschen kniet betend die Prinzessin, die befreit werden soll, während Georg vom Pferd herab mit langer Lanze das Untier ins Maul trifft, das sich am Boden wälzt. Die lange Zunge schießt in ohnmächtiger Wut hervor, und seine gewaltigen, krallenbewehrten Tatzen greifen vergeblich in die Luft. Wie üblich hat das Untier Flügel, aber es ist viel zu schwer und irdisch geworden, um sie zu gebrauchen – ein «gestürzter Engel», der grauenhaft zum Drachen degeneriert ist. Oder das Gegenbild des Engels? Die Farce, die aus der Unterwelt emporgeschickt wird?

In diesen Bildern leben tiefe Wahrheiten, die sich erst im Laufe der kommenden Jahrhunderte enthüllen. Das Zeitalter der Bewußtseinsseele wird zum Bannerträger des Materialismus. Immer rücksichtsloser schiebt sich damit der «Drache» in die Menschheit hinein. Mit kalter Grausamkeit trennt eine geistlose Denkart den Menschen von seinem höheren Wesen ab. Sein Genius, sein höheres Ich, die «Prinzessin», gekleidet in die Farben der Seele, wird vom Drachen gefangengesetzt und in dunkler Höhle bewacht. Groß und breitspurig gebärdet sich das Untier, um die Prinzessin zu verdecken, deren Existenz man vergessen soll. Eine Spaltung geht durch das ganze Weltbild: Auf der einen Seite steht des Menschen göttlicher Ursprung, Paradies und Schöpfungsgeschichte, auf der anderen taucht die Abstammungslehre vom Affen auf.

Aber die Georgslegende sagt, daß ein von Michael gesandter Ritter um die Befreiung der Prinzessin kämpft und daß er siegen wird.

An der Wende vom 15. zum 16. Jahrhundert war man noch nicht soweit, die *Wirkungen* des neuzeitlichen Denkens in ihren Folgen zu spüren. Man begann das Ringen um Freiheit von religiösen Dogmen und vielen alten Formen. Noch immer brannten die Ketzer- und Hexenfeuer, aber was sollte das Zeitalter der unaufhaltsamen Entdeckungen ohne Gedankenfreiheit? Doch neben der Begeisterung für das Neue lebte eine untergründige Ahnung unbekannter Gefahren, die auf diesem Wege dem Menschen begegnen werden. Dafür ist Dürers «Ritter, Tod und Teufel» und auch Altdorfers «Ritter im Laubwald», jedes auf seine Art, eine deutliche Rune. Damals, als die Epoche begann, deren schwere Stundenschläge uns heute so erschreckend in den Ohren dröhnen, wußte man, daß man sich *rüsten* müsse. Dürer bleibt bei seiner Bildaussage noch mehr in den Vokabeln des Mittelalters; er zeigt den Tod mit der Sanduhr und den Teufel: zwei Gefahren, zwischen denen der Mensch zu allen Zeiten sich aufrecht halten muß. Aber *wie* er den Ritter zeigt, das spricht sein Bewußtsein aus: Wir reiten einen gefahrvollen Weg!

Altdorfer ist in der Form seiner Aussage viel unorthodoxer und neuer – so sehr, daß man ihn bis heute nicht versteht. Auch er gibt zweifellos ein eigenes Erlebnis, eine real gespürte Innen-Situation wieder. Man hat das bisher noch gar nicht bemerkt und gibt seinem Bild einen Titel, der ihm nicht entspricht. Nicht nur, daß er so neuartig wuchernden Wald, der gar keinen Himmel mehr durchblicken läßt, zu malen wagt, nicht nur, daß die menschliche Szene darin klein und verloren und so unauffällig steht, daß «Landschaft und Figur bis zur Unkenntlichkeit ineinander übergehen» (Ruhmer), nein, Altdorfer malt hier in Wirklichkeit gar keine «Legende vom Ritter Georg»! Es ist auch keine Prinzessin vorhanden. Weil sie doch aber zu der üblichen Darstellung unbedingt gehört, tauchte die Hypothese auf, es möge das Bild verändert und übermalt worden sein; eine Hypothese, die bis heute nicht bewiesen ist. Sie entspringt dem Gedanken, daß es sich hier eben um das bekannte Motiv handeln *müsse*, dabei gibt die genaue Betrachtung dessen, was wir sehen, den deutlichsten Ausweis, daß wir hier aus den Denkschablonen, auch der Legende, uns herauszubegeben haben.

Betrachten wir das Bild! Aus dem Dickicht des Waldes kommt ein dunkel gepanzerter Reiter auf einem schönen, schneeweißen Roß, das im Gegensatz zu den sonstigen Georgsbildern in gar keiner Weise für einen Kampf geschützt ist. Dieser Ritter mag wohl auf Abenteuer durch die Lande ziehen, für einen *bestimmten* Kampf hat er sich nicht – wie Ritter Georg – bis zum äußersten gerüstet. Das hinter ihm grenzen- und ufer-

los wuchernde Grün und der vor ihm sich öffnende
Ausgang ins Freie gibt uns den Eindruck, es sei der
Ritter in diesem Walde lange geritten und geirrt und
habe nach einer Befreiung aus dem Dickicht gesucht.
Nun hat er sie gefunden! Kein schon geebneter, wohl-
geordneter Pfad führt da hinaus, sondern das Grün
wuchert um die Hufe seines Pferdes. Des einzelgänge-
rischen Ritters Blick mag noch eben voller Hoffnung
auf dem Stückchen freier Landschaft geruht haben,
über der nun wieder der helle Himmel sichtbar wird;
ganz nah ist er dem Ende seiner irrenden Suche im
pfadlosen Wald und keiner Gefahr gewärtig. Da bleckt
plötzlich aus dem wuchernden Bodenbewuchs ein ge-
fährliches Maul auf, eine riesige Echse wirft dem Reiter ihren glotzenden Blick entgegen. Das überraschte
Pferd springt mit beiden Vorderbeinen in die Luft, der
Ritter hebt sich im Steigbügel, um zu sehen, was ihn
aufhält. Das gesenkte, noch in der Scheide steckende
Schwert in der Hand, blickt er, leicht über den Hals des
Pferdes vorgebeugt, zunächst ganz untätig auf das
fremde Untier nieder. Dessen Rückgrat zieht sich mit
harten Knorpeln lang hin und verliert sich im Grünen,
die unbeholfenen Flügel hat es abgespreizt. Mit welcher Waffe soll der Ritter ihm begegnen?

*Diesen Moment des prüfenden Blickes auf eine Gefahr, die
ihm die Schwelle zur neuen Freiheit verlegt,* hat Altdorfer
gemalt! Keinen Kampf und keinen Sieg, wie es für
Georgsbilder unerläßlich ist. Wer deshalb diesem Bild
die Legende unterlegt, der muß nun rügen, daß es eine
«höchst undramatische, auch real kaum überzeugende,

fast unbewegte Haltung der Kampfgruppe» ist (Ruhmer).

Nein, es ist keine Kampfgruppe – es ist der Moment an der Schwelle zu einer neuen Welt und einem neuen Weltgefühl. Aus der dämmernden, aber auch schützenden Unfreiheit des Mittelalters fühlen die Seelen sich entlassen. Vor ihnen liegt das freie, offene Feld, in dem jeder ein einzelner ist. Wenn der Reiter in die Ebene gelangt, wird er weithin sichtbar sein. Vielleicht wird er sich zunächst im leeren Raume verloren fühlen, und – wenn scharfer Zugwind ihn dort draußen umweht – sich auch zurücksehnen.

In dem Erlebnis «Wald» birgt sich unendlich viel für den Menschen: göttlich-kraftvolles Geheimnisrauschen, vermischt mit undurchdringlichem Dickicht der eigenen Seele. Zu einem *Bewußtseins*-Erlebnis kann ihm das werden, wenn er im Rhythmus seines eigenen Lebens die Epoche der Verstandes- oder Gemütsseele verläßt, die sich im Einzelleben vom 18. bis zum 35. Lebensjahre hinzieht, und in sein eigenes Zeitalter der Bewußtseinsseele eintritt. In diesem Augenblick, das 35. Lebensjahr, verlegt zum Beispiel Dante die gewaltigen Visionen der «Göttlichen Komödie», die er mit den Worten beginnt:

> *Auf halbem Weg des Menschenlebens fand*
> *Ich mich in einen finstren Wald verschlagen*
> *Weil ich vom graden Pfad mich abgewandt.*
> *Wie schwer ist's doch, von diesem Wald zu sagen*
> *Wie wild, rauh, dicht er war, voll Angst und Not …*[2]

Die Akzente um diesen Wald sind bei Dante noch etwas anders gesetzt; das liegt unter anderem auch daran, daß sein Erlebnis zweihundert Jahre früher, nämlich um 1300, geschildert wird. Jetzt, um 1500, ist die *gesamte Menschheit* in jene Epoche eingetreten, die im einzelnen Menschenleben der Zeit nach dem 35. Lebensjahre entspricht – eben in das Zeitalter der Bewußtseinsseele. Als *Zeitereignis* spielt sich nun dieser Prozeß in den Seelen ab, als Zeitereignis vollzieht sich dieser «Austritt aus dem Walde». Übrigens ist Altdorfer, der gegen 1480 geboren wurde, auch in seinem persönlichen Leben jetzt an der entsprechenden Wende angelangt. – Daß die künstlerische Eroberung des Waldes erst um diese Zeit beginnen kann, wo das Erlebnis noch anhält, aber schon ein neues Bewußtseinslicht darüber hinleuchtet, ist verständlich. Mit anderen Worten: eine «Romantik», einen Joseph von Eichendorff, einen Caspar David Friedrich, einen Moritz von Schwind hätte es vor dieser Zeit nicht geben können.

Altdorfer, der sich auch weiterhin des öfteren noch der Legendenform malend und zeichnend annahm, macht mit diesem kleinen, kühnen Bilde einen Schritt, der in viel tieferem Sinne als dem eines «ersten Landschaftsbildes» epochemachend ist. Er nimmt die Georgslegende gewissermaßen ganz nach innen, nimmt sie individuell, macht sie damit zu einem Erfordernis für jeden einzelnen Menschen – kurz, er führt sie aus dem Mittelalter in die Neuzeit. Die Konfrontation mit einer unbekannten Gefahr, für die man sich die Waffen erst schmieden muß, wird als Zustandsbild

57

des damaligen Menschen aufgedeckt. Das Denken des Menschen ist den neuen Problemen so wenig gewachsen wie des Reiters edles, weißes, ganz ungerüstetes Pferd, das ihn noch trägt, von dem man aber gar nicht weiß, wie lange es ihm in diesem Kampfe genügen wird.

Trotzdem Altdorfer diesen untätigen, etwas betroffenen, noch überlegenden und abwartenden Ritter malt, gibt er uns doch den Eindruck, daß er den Kampf bestehen wird. Bei aller Gefährlichkeit hat die geduckte Echse etwas Unsicheres, der Reiter aber, bei all seiner Untätigkeit, hat etwas Ruhiges und Furchtloses. Es ist also *doch* ein Georgsbild, aber eines, das gewissermaßen hineinversunken ist in jeden einzelnen Menschen. Die «Prinzessin» ist in uns allen verzaubert und bedroht. *In sich* muß jeder diese michaelische Kraft aufrufen, um ein Stück von dem nun ganz individuell werdenden Georgskampf auszutragen.

Offenbarendes Wissen und seine Verwandlung

Judith

Auf dem Gebiet der Dichtkunst ist bekannt und anerkannt, daß große Werke vielen Generationen über Jahrhunderte und Jahrtausende hinweg etwas zu sagen haben. Jede Zeit entdeckt neue Schichten darin, und was ihren Vorgängern unwichtig war, ja was diese oft gar nicht wahrgenommen haben, kann später von höchster Bedeutung werden.

Auch für die Malerei gilt das. Nicht alle Jahrhunderte haben Dürer und Raffael beachtet; manches, was heute berühmt ist, lag lange im Schatten. Darüber hinaus gibt es noch ein anderes Problem. Manche Bilder scheinen unmittelbar für die heutige Zeit gemalt, obgleich damals doch gar nicht aktuell war, was jetzt als Zeitenaufgabe vor uns steht. Wie geht das zu? Sieht man etwas hinein? Oder sieht man etwas *heraus,* was bis dahin unbeachtet war und erst heute «gelesen» werden kann? – Die Erkenntnis, daß Künstler bewußt oder unbewußt weit vorausgreifend schaffen können, ist wahrhaftig nicht neu; im Einzelfalle jedoch dreht und wendet man die überraschende Erfahrung, ehe man sich entschließt, wirklich einfach entgegenzunehmen, was man nun einmal sieht. Wobei man sich darüber klar ist, daß jedes Gesehene überhaupt nur zum Gesehenen wird, wenn es im Menschen auf einen geistigen Hintergrund auftrifft. Das Tier sieht nicht in diesem Sinne, deshalb sind Kunstwerke für das Tier als solche nicht vorhanden. Im Menschen sieht der Hintergrund der ganzen menschlichen Entwicklung, sieht die jeweilige Zeitdisposition mit.

Nun hatte in bezug auf vieles, was mit der *geistigen* Komponente der Dinge zusammenhängt, die gabrielische Zeit vom Beginn des 16. bis zum Ende des 19. Jahrhunderts eine Menge blinder Flecken. Daß sie sich heute aufhellen, ist im wesentlichen der Tat Rudolf Steiners zu danken. Auch mit diesem Hintergrund beginnen wir nun langsam zu sehen. Kein Wunder, daß wir oft anderes wahrnehmen als die bisherige, mehr materialistisch ausgerichtete Kunstwissenschaft.

Es kann unser Blick auf ein Bild des Malers *Giorgione* (ca. 1478 bis ca. 1510) fallen. Man nennt es «Judith». Ob auch der Künstler es so genannt hat, bleibt offen, denn sein Bild streift zwar das Thema, stellt es aber anders dar, als es in der Renaissance sonst aufgefaßt wurde, beziehungsweise als es sich aus der Bibel ergibt. Das «Buch Judith» folgt dem Alten Testament als erstes der «Apokrypha». Es erzählt die Geschichte vom Assyrerkönig Nebukadnezar, der seinen Feldherrn Holofernes zur Eroberung jener Völker ausschickt, die sich seiner Herrschaft nicht beugen wollen. Dazu gehören auch die Israeliter, die nun in großer Angst vor dem heranrückenden Heere des Holofernes leben. Als erste gerät die Stadt Bethulia in Gefahr. Holofernes läßt die Brunnen außerhalb der Stadt besetzen. Die an Hunger und Durst zugrunde gehende Bevölkerung fordert ihre Obersten auf, die Stadt zu übergeben. Nur *Judith* ist ganz anderer Meinung. Sie wird geschildert als eine junge Witwe, die, obgleich schön und reich, nicht wieder heiratet, sondern ihre Tage mit Gebet und Fasten in großer Frommheit verbringt. Sie läßt die Obersten zu sich kommen, und aus ihren starken, verweisenden Worten erleben die Ältesten, die große Ehrfurcht vor ihr haben, die zürnende Stimme ihres Gottes. Judith faßt einen Entschluß, den sie nicht mitteilt, bittet aber, für sie zu beten. Sie kleidet sich aufs prächtigste und verläßt mit ihrer Magd Abra die Stadt. Die Wachen des Holofernes bringen sie zu ihrem Feldherrn, weil sie vorgibt, ihm ein Mittel zu verraten, wie die Stadt leicht einzunehmen sei. Holofernes ist sehr beeindruckt von ihrer Schönheit, aber auch von ihrer Rede und hält sie in Ehren. Sie gibt vor, die Hebräer müßten um ihrer Sünden willen in die Hände der Assyrer fallen. Nach drei Tagen wird sie von Holofernes zu einem Gastmahl gebeten, sie zeigt sich erfreut und folgt der Einladung. Bei diesem Fest trinken die Assyrer mehr als üblich. Als Judith schließlich mit Holofernes im Zelt allein gelassen wird, liegt dieser trunken und schlafend auf seinem Bett. Judith nimmt sein Schwert und schlägt ihm das Haupt ab. Sie gibt es ihrer draußen wartenden Magd, die es in einen Sack stecken soll. Dann verlassen sie eiligst das Lager. – Beim Ausfall der ermutigten Hebräer werden die verwirrten Assyrer, die sich plötzlich ohne ihren Führer Holofernes sehen, geschlagen. Judith wird vom hebräischen Volk als Heldin und Retterin gefeiert.

Man mag an dieser Geschichte gewisse Züge entdecken, wie sie später in christlicher Zeit die Geschichte der Jungfrau von Orleans aufweist. Eine Frau wird in den bedrohlichen Verwirrungen des Krieges von der Schicksalslenkung als außerordentliches Mittel zur Rettung eingesetzt – eine Rettung, die bei Johanna über das Völkische weit hinausreichte und auch bei Judith weltgeschichtliche Dimensionen hat, da es sich um die Rettung des auserwählten Volkes handelte, dessen Mission noch zur Erfüllung offenstand. Man mag auch in Erwägung ziehen, ob diese fromme, schwertschwingende junge Frau sich nicht ebenfalls von jener Kraft gerufen und durchpulst fühlte, die bei Johanna *Michael* genannt ist.

Diese sich ähnelnden Züge sind freilich eingebettet in die stärksten Unterschiede, wie sie sich schon daraus ergeben, daß Judith eine vorchristliche, eine Heldin des *Alten* Testamentes ist, Johanna aber eine durchchristete Seele. Die Handlungsweise der Judith wäre für Johanna nicht denkbar.

Die Renaissance hat zu dieser Geschichte eine besondere Neigung gefaßt, und eine Anzahl bedeutender Maler haben Judith dargestellt.

Andrea Mantegna (1431-1506) hat noch kaum auf jene Schwierigkeit abgezielt, die den eigentlichen künstlerischen Reiz dieser Aufgabe ausmacht: eine Repräsentantin der Tugend, der Frommheit und Schönheit mit

Abb. 7: Mantegnas «Judith». National Gallery of Ireland, Dublin.

einer grausigen Mordtat in Einklang zu bringen. Die verschiedenen Darstellungen des Mantegna und seiner Schule zeigen den Moment, da Judith vor das Zelt getreten ist, den Kopf des Holofernes an den Haaren tragend und ihn in den Beutel versenkend, den die Magd ihr entgegenhält. Auf zwei Ausführungen sieht man im Hintergrunde das Bett und einen Fuß des Holofernes (Abb. 7). Die Unmittelbarkeit der Tat, auch die Umstände, unter welchen sie vollzogen wurde, ist frisch gegenwärtig.

Sandro Botticelli (1445-1510) nimmt das Thema nicht nur historisch, sondern sucht vor allen Dingen das seelische Problem darzustellen. Die schöne, anmutige Gestalt seiner Judith (Rijksmuseum, Amsterdam) tritt auch aus einem Zelt hervor, das erhobene Schwert in der Rechten. Aber sie legt den Kopf nicht in einen Beutel, sondern sie hebt ihn hoch und blickt mit tiefbewegter, klagender Miene auf ihn. Sie tat, wozu der Gott und die Not sie trieben – aber sie ist keine triumphierende, sondern eine mitleidende Heldin.

Von Botticelli berühmt geworden ist eine andere Darstellung dieses Themas (Abb. 8). Hier bringt der Maler die junge Frau gar nicht mehr in unmittelbaren Zusammenhang mit dem blutigen Haupte. Sie schreitet nach vollbrachter Tat durch die Landschaft ihrer Heimatstadt zu, und die ihr eilig folgende Magd trägt das etwas verhüllte Haupt in einer Schale auf dem Kopf. Judiths liebliche, still versonnene Menschlichkeit befindet sich zwischen dem blutigen Schwert, das sie in der Rechten trägt, und dem Ölzweig des Friedens,

Abb. 8: Botticellis «Judith». Galleria degli Uffizi, Florenz.

den ihre Linke hält. Die Fülle der inneren Erregung, die vibrierende Geistigkeit des ganzen Vorgangs ist an dem Faltenspiel sichtbar, mit dem die Gewänder die Gestalten der Frauen umgeben. Diese völlig durchgestaltete Sprache der Linien ist Botticellis Meisterschaft. In ihr liegt Spiritualität, Strenge, Gesetz bei allem Reichtum. Dadurch nimmt die Empfindsamkeit nicht überhand. Das weiche, gefühlvolle Antlitz kann trotzdem einer Judith zugehören. Und die Anmut der Gestalt ist keine Konzession an Gefälligkeit und Geschmack, sondern Wesensausdruck.

Man könnte sagen: Was Botticelli bei dem ersten Bild noch ganz in die Erscheinung seiner Heldin selbst verlegt hat, ist hier zum veräußerlichten Symbol geworden – ein Ölzweig als Ausdruck dieser im Grunde friedliebenden Seele! Das ist Allegorie, das ist eigentlich nicht eben sehr künstlerisch. Aber bei Botticelli ist dieser Ölzweig so sehr Ausdruck der Seelenstimmung seiner Heldin und ist in den Bildaufbau so notwendig einbezogen – auch in die Bild*bewegung* –, daß man auf den Gedanken einer Allegorie gar nicht kommt. Schon *Berenson* betonte die Fähigkeit des Malers, auch die abstraktesten, religiös, politisch oder «unverblümt allegorisch» beladenen Themen und Gestalten in volle Lebendigkeit überzuführen.

Keine Zusammenhänge mit diesem zarten Bildchen hat die «Judith» des *Cristofano Allori* (1577-1621). Jetzt stehen wir bereits in ganz anderen Strömungen der heraufgekommenen Neuzeit. Seine Judith (Abb. 9) ist in ein prachtvolles goldgelbes Gewand gekleidet und

Abb. 9: Alloris «Judith». Museo Pitti, Florenz.

hält uns an den Haaren ein schwarzbärtiges Haupt entgegen, das sich von der blendendschönen Seide ihres Kleides abhebt. Die Magd, recht bürgerlich, blickt Judith von rückwärts an. Eine gestellte Szene! Mit wieviel Flair für Wirkung der Maler auch den innen roten Mantel von der Schulter seiner Heldin wallen läßt – es bleibt alles vordergründig. Die Freude am Vermögen, irdischen Stoff nun nicht mehr geistgerecht, sondern in visueller Greifbarkeit malen zu können, die Freude an der sinnlichen, nicht an der seelischen Wirkung tritt in den Vordergrund. Begibt man sich mit dieser Einstellung an ein solches Thema, dann wird es makaber. Unangemessen ist die effektvolle Zusammenstellung der gleichgültigen Pracht des seidenen Stoffes mit einem abgeschlagenen Menschenhaupt.

Nach diesem kurzen Blick auf das Judith-Motiv in der Malerei wenden wir uns dem Bild des Giorgione zu (Abb. 10). Der Künstler wurde etwa 1478 geboren, und er starb genau am Beginn des gabrielischen Zeitalters, 1510, wie Botticelli auch. Giorgione ist vermutlich nur knapp 33 Jahre alt geworden, seine Wirkung auf die Entwicklung der Malerei war dennoch groß. Er löste sich schon stark von den kirchlichen Traditionen. Einige seiner Bilder geben der Kunstforschung Anlaß, nach einem speziellen geistigen Hintergrund bei ihm zu suchen. Man weiß, daß er mit Humanisten in enger, freundschaftlicher Beziehung stand; das hilft aber nicht, um die Sprache seiner bedeutendsten Bilder zu ergründen. Zwei seiner Werke, behelfsmäßig «Das Gewitter» und «Drei Philosophen» genannt, scheinen

Abb. 10: Giorgiones «Judith». Eremitage, St. Petersburg.

so viele Rätsel aufzugeben, daß für sie immer neue Hypothesen aufgestellt werden. Die «Judith» hingegen hat der Kunstwissenschaft bisher kein Problem geboten, und doch kann man gerade sie als ein sehr rätselhaftes Bild empfinden.

In hellrotem Gewand steht eine junge Frau im Freien vor einer Gartenmauer. Der kräftige braune Stamm eines Baumes unterstützt die vertikale Geste dieses hochformatigen Bildes. Judith hat ein großes Schwert mit scharfer, metallisch reflektierender Schneide mit der Spitze auf den Boden gestellt und faßt den Griff mit so zarter Hand, daß man sich kaum vorstellen kann, sie habe diese Waffe tatsächlich geschwungen. Vor ihr liegt auf dem Boden ein bleiches Männerhaupt. Mit sanfter, aber entschiedener Geste setzt sie ihren nackten Fuß auf dessen Stirn.

Es ist keine geschichtliche Szene. Hier ist keine Eile, mit der Judith aus dem Lager des Holofernes fortstreben muß. Eine friedliche Landschaft. Und eine besinnliche Ruhe liegt über allem. Als historische Illustration genommen, kann man Judith eine derart ungestörte Situation nicht einräumen. Auch der Bibeltext gibt keinen Anhaltspunkt, denn nachdem Judith mit ihrer Magd die Stadt Bethulia wieder erreicht hat, läßt sie den Kopf auf eine Stange stecken, um die Assyrer zu schrecken und die Hebräer zu ermutigen. Giorgiones Gemälde liegt von diesem äußeren Gang der Geschichte weitab. Die Historie dient ihm nur als Tor – den Blick auf seine Darstellung eröffnend. Triumphgefühle zeigt die junge Frau nicht, was also sagt ihre

Geste? Indem man das Bild anblickt, beginnt man unwillkürlich nachzusinnen, und es scheint, daß man damit der Absicht des Malers folgt.

Spiegelt sich das Bild in uns in jenem Hintergrunde, der in sich trägt, was heutige Geisteswissenschaft erhellen kann, dann beginnt es zu sprechen. Aber es spricht eine Sprache, die wir auf die *heutigen* Aufgaben beziehen. Ein Bild der Überwindung des gehirngebundenen Denkens? Durch diejenigen, die sich der kosmischen Schwertkraft des Michael bedienen können? Intellektualität, die nur Kopf sein will und die Korrespondenz mit Herz- und Lebenskräften ablehnt, gleicht einem losgetrennten Haupte, das durch seine Isolierung den Todeskräften anheimfällt. Giorgione hat, obgleich ihm der blaue Himmel schon geläufig war, hier einen goldlichten Himmel gemalt, in den die obere Gestalt der Judith hineinragt. Wie ein Pendant dazu das fahle Haupt auf dem Boden. Zwei auseinandergerissene Welten, verbunden durch die menschliche Gestalt. Die ungewöhnliche Geste, einen Fuß gerade über die Stirn zu legen, hat eine deutende Funktion, die zweifellos aus dem Bildgedanken entspringt, zugleich aber wird dieses abgefallene Haupt damit zu einem Teil der Judith-Gestalt selbst, ist wie etwas Überwundenes, das ihr nicht fremd von außen entgegentritt.

Wir sind in einem neuen Michaelszeitalter, es ist Zeitaufgabe, die Dominanz des Vorderhirn-Denkens zu überwinden. Ob wir das nun in das Bild hineinsehen oder aus ihm herausholen – jedenfalls spricht es auf diese Weise eine Sprache, die wir gerade im gegenwärtigen Augenblick gut verstehen. Verstehen, wenn es sich spiegelt im Bereich, in dem unsere geisteswissenschaftliche Schulung lebendig ist. – Aber Giorgione? Wie kommt er zwischen 1500 und 1510 zu einer solchen Imagination oder Meditation? Es ist auf jeden Fall deutlich, daß das Haupt des Holofernes hier für etwas steht, was überwunden werden muß. Überwunden durch eine stille, standhafte Seelenkraft.

Es gibt einige Maler gerade um diese Zeit, bei deren Werken man die Empfindung hat, sie seien ungewöhnlich sensibel für den Zeitenumschwung gewesen. Sie fühlten die nun erstarkende gabrielische Epoche (zu deren Charakteristik gehörte, daß speziell an den Fähigkeiten des physischen Gehirns gearbeitet wurde) als bedrohliche, ihnen wesensfremde Zeit heraufkommen. Es waren keine gabrielischen Seelen. Als eine ungeheure Bedrückung lastete dieser Zukunftsausblick auf ihnen. Die Maler, die auf diese Weise ins Auge fallen, kämpfen darum, die Bedrückung zu überwinden. Nicht indem sie ihren Blick verschleiern, sondern indem sie ihn stärken. Indem sie eine Quelle finden, die ihnen das Seelenauge so hell macht, daß sie hinwegblicken können über die notwendig kommende Epoche zu einer anderen, die dann folgen muß. Wie man über ein dunkles Tal zu einem hellen Gipfel hinüberblickt.

Es gab auch damals Menschen, denen bekannt war, daß die nächsten Jahrhunderte als die letzten Stufen des Kali Yuga, des dunklen Zeitalters, abgeschritten werden mußten und daß danach das lichte Zeitalter einsetzen würde. Aber zunächst lag vor ihnen in stärkster Konsequenz: der Fall der Intelligenz, die sich nun ganz an die Erde wird hingeben wollen. Dieser Ausblick war für manche Seelen schrecklich. Sie retteten ihre künstlerische und herzensinnerste Kraft nur dadurch, daß sie den Entwurf einer Brücke über diesen Abgrund zu zeichnen versuchten. Aber wer lehrte sie das?

Etwa zwanzig Jahre vor der Geburt des Giorgione, im Jahre 1459, hatte sich die Einweihung des 81jährigen Christian Rosenkreuz vollzogen. Die Schilderung, die J. V. Andreae zwar sehr viel später (1603), aber aus Eingebung, aus Inspiration, von dieser «Chymischen Hochzeit» niederschreibt, drückt sich in einer Sprache aus, die der Sphäre dieses Bildes sehr verwandt ist. Wir hören von allerlei Jungfrauen, die ihrer geheimnisvollen Ämter walten, und wir hören von der Enthauptung der Könige als großem, zentralem Motiv. Rudolf Steiner schildert diese Enthauptung als ein Ereignis, das sich in der Seelenentwicklung des Einzuweihenden selbst abspielt: «Er ist in den Königssaal gekommen mit den Erkenntniskräften, die noch immer nur diejenige Wesenheit haben, welche sie sich vor dem Betreten der geistigen Welt aneignen konnten.» Steiner betont, daß die «Chymische Hochzeit» in einer Form aufgeschrieben wurde, die «ohne Veränderung die Erlebnisse eines Geistsuchers aus der Mitte des 15. Jahrhunderts darstellen will; in dieser Zeit pflegte man die erlebten Imaginationen nicht in Ideen und Begriffe umzusetzen».

Was an die Seele herankommt als ein offenbarendes Wissen, bei dem der eigene Wille nicht mitwirkt, findet seine Repräsentation in weiblichen Gestalten. «Wozu der eigene Wille des Geistsuchers sich den Weg bahnt, das wird durch Bilder von geleitenden Knaben, durch Männliches veranschaulicht.»

Eine Jungfrau repräsentiert das Rätsel des Giorgione-Bildes. Das heißt im obigen Sinne: Offenbarendes Wissen spricht in Imaginationsform zur Seele, die sich passiv, aufnehmend verhält. Aber diese Form der Geistesschau klingt ab, kann sich gegenüber den erdenwachen Kräften der Neuzeit nicht halten. Es wird sich eine aktive Form der Geisterkenntnis entwickeln müssen. Hat dieses Wissen den Künstler schon erreicht? Bewegte er sich in Kreisen, die davon wußten? Über vielen seiner Bilder liegt ein Hauch von Melancholie. Wie sehr ist seine Madonna di Castelfranco und vor allem der junge Ritter zu ihren Füßen (hl. Liberalis) davon gezeichnet! Auch an der Stille des Judith-Bildes spürt man eine solche Neigung.

Aber das Schwert ist ein Gegenmittel; es setzt einen aktiven Akzent, der Melancholie nicht aufkommen läßt. Wie die aufgerichtete Kraft einer geduldigen, beharrlichen Hoffnung steht diese Frau in hellrotem Kleide. Oben ist ihr Gewand von Licht übergossen und liegt glatt und harmonisch der Gestalt an. Unten ist es schattendurchfurcht und wirft sich in zurückweichenden Schwüngen über dem bleichen Kopfe hoch. Hat Giorgione das Bild für sich gemalt? Fand sein Pinsel zu einer künstlerischen Imagination, bedeutungsvoller, als der Maler selbst wußte? Oder setzte er bewußt dieses Bilderrätsel hin, in Einklang mit einem Kreise Wissender oder einem speziellen Besteller? – Das Bild trägt ein Zeichen. Es ist so unauffällig, daß es noch niemand entdeckt zu haben scheint: Etwas unterhalb des Knies ist das Gewand so in Falten gelegt, daß der Schattenwurf ein Johanniterkreuz bildet. Es befindet sich in der Mittellinie, die oben markiert ist durch den Schmuck, in der Mitte durch den Gürtel mit dem Knoten, unten durch das Kreuz. (Gürtelknoten fallen auf Bildern dieser Zeit hin und wieder auf. Sie deuten an, daß hier ein Geheimnis zu lösen ist.)

Es gibt von Giorgione das Bildnis eines Mannes, der dieses Kreuz, das hier schattenhaft auftritt, hell leuchtend auf der Brust auf dunklem Gewande trägt. Dem Maler war das also vertraut, und er läßt auf dem Judith-Bilde die Kreuzbalken mit ihren gespaltenen Enden deutlich in Erscheinung treten. Kam der Auftrag für dieses seltsame Judith-Bild aus den Kreisen der Johanniter, und spiegelte sich darin eine bei ihnen bekannte Lehre? Oder ist es ein Gedächtnisbild für einen «gefallenen» Ordensbruder, über dem das Kreuz, das er verriet, nun dunkel erscheint? Und steht diese Judith symbolisch für die Notwendigkeit, hier ein Gericht zu vollziehen?

Als das Bild etwa 1500/1504 gemalt wurde, residierte der Johanniterorden noch auf Rhodos. Giorgione hat es nicht mehr erlebt, daß die Türken 1523 die Insel eroberten und die Ritter vertrieben. Im Jahre 1530 erhielten sie dann von Karl V. Malta als neuen Sitz, und ihr Ordenskreuz hieß seitdem «Malteserkreuz».

Auf sich verwiesen

Der Mann, der auf sich selber zeigt

Es ist ein Porträt, aber man kennt Name und Stand des Dargestellten nicht. Auf jeden Fall ein vornehmer Mann. Kein Prunk und keine Überladenheit an seinem Gewand. Nur ein edler Ring sitzt am kleinen Finger. Die Augen blicken ernst auf den Betrachter, die Brauen sind empfindsam bewegt. Man wundert sich über das Bildnis; manche Interpreten nennen es den «leidenden Mann» (Abb. 11). Woran leidet er, und was hat der Gesichtsausdruck mit der auf sich selbst weisenden Geste zu tun? Wenn es nur als Hinweis für einen Arzt gemeint sein sollte, dann hätte eine Skizze genügt und es nicht eines Gemäldes von der Hand eines der damals bekanntesten Meister bedurft.

Da das Bild nicht Teil einer Handlung ist, sagt die Geste nicht: Ich bin der Feldherr, der diese Schlacht gewann; ich bin der Baumeister eines abgebildeten Gebäudes oder dergleichen. Sie sagt nur: Das bin ich!

Was soll diese Geste bei einem Porträt, wo ohnehin jeder sieht, wer da abgebildet ist, und der Betrachter auch nicht abgelenkt werden kann, da keine anderen Personen auf dem Bilde sind? Käme die Geste aus

Abb. 11: Lorenzo Lotto, Bildnis eines Mannes von 37 Jahren.
Sammlung Principe Doria, Rom.

übersteigertem Selbstgefühl, so wären der Prunk der Kleidung, die stolz sich brüstende Haltung und der Gesichtsausdruck entsprechend.

Freilich auch in dieser Zurückhaltung – ein solches Bild hätte im Mittelalter nicht gemalt werden können. Dazu mußte die «Neuzeit» anbrechen, die Epoche der Bewußtseinsseele heraufkommen. Die helle Hand vor dem dunklen Grunde, zurückgewendet, auf den Menschen selbst weisend – Ego-Gefühl, Selbstempfindung, Erlebnis des aufbrechenden Persönlichkeitsbewußtseins: «Ich bin es.» Welches Ich ist es?

Das egozentrische, erdbezogene Wesenszentrum, das sich allein im Leibe zu Hause fühlt – mit Macht lernt man es kennen, zeitgerecht kennen in dieser ersten Hälfte des 16. Jahrhunderts, als das Bild von Lorenzo Lotto gemalt wurde; lernt es kennen an sich und an anderen – am ungestümen Willen des Sich-selbst-Bestätigens und Sich-ausleben-Wollens des Renaissance-Menschen. Der Mann auf dem Bilde weiß, daß dies das Signum der Zeit ist, aber er ist besorgt, er scheint auf etwas aufmerksam machen zu wollen. Er sagt nicht: Entfliehe dem und geh in ein Kloster! Er selbst ist kein Mönch. Dennoch hat dieses Bild einen Hintergedanken. Er ergänzt die reflektierende, auf sich selbst zurückspiegelnde Gebärde. Er ist zu sehen im Hintergrunde über dem weisenden rechten Arm. Da erblickt man einen Mauerrest, auf dem ein kleiner Engel dargestellt ist, der eine Waage hält. Auf den ersten Blick scheint das nichts Besonderes zu sein, aber dann stutzt man, und dann – schlägt es wie ein Blitz ein: Was für eine großartige Chiffre! Mit welcher Einfachheit wird hier ein Weltengeheimnis ausgedrückt. Ein Paradoxon, nicht im Wort, sondern im Bild: Der Engel hält die Waage in seinen Händen, und mit seinen Füßen steht er in den Schalen. Er wiegt sich selber aus! Er sorgt für Gleichgewicht und Harmonie seiner Kräfte selbst.

Versucht man, diese äußerlich unmögliche Gebärde innerlich nachzuvollziehen, so spürt man, welche Kräfte da aufgerufen werden. Wie da an das *höhere* Ich appelliert wird, das sich selbst trägt und selbst reguliert. Wo ist der Kraftquell dafür? Inbrünstig blickt der Engel nach oben. Seine Hände sind nicht mehr im mittelalterlichen flehenden Gebet gefaltet, sondern falten sich um den Griff der Waage. Er weiß: Ich muß es selber tun, nicht mehr von anderen erwarten, daß sie mich im rechten Gleichgewicht halten. Und trotzdem ist in diesem Selber-Tun das Gebet um Kraft zugleich in der Geste eingeschlossen. Läßt man die Waage fort, so ist es ein betender Engel.

Rudolf Steiner vergleicht zuweilen unser höheres Ich mit einem kleinen Kind, da es das jüngste Wesensglied unserer menschlichen Organisation ist.

Wir können nicht erfahren, wen das Porträt darstellt. Einen Krieger gewiß nicht, eher einen Gelehrten oder reichen Kaufmann. Einen Rosenkreuzer? Oder einen Angehörigen einer humanistischen Strömung strebender Geister? Sicher gehört er in einen Zusammenhang, aus dem auch die Chiffre des kleinen Engels stammt. Und vermutlich stand auch der Maler dem nahe, denn man sagt von dem weitgereisten Lorenzo Lotto (1480-1556), daß seine Altarbilder eine starke persönliche Frömmigkeit bezeugen, die gegenüber der offiziellen Kirchenfrömmigkeit eine freie, eigene Note hat, daß aber seine Porträts keine triumphierenden, sondern eher nachdenkliche, die bewegte Zeit empfindsam widerspiegelnde Menschen zeigen. Am stärksten kommt das in diesem Porträt zum Ausdruck, und zugleich lüftet er hier ein wenig den Schleier, in welche Richtung seine Besorgnis zielt.

Persönlichkeitsstolz und Demut der Individualität

Zwei Porträts

Steht man in der Nationalgalerie in London vor dem Männerporträt (Abb. 12), das Tizian (ca. 1476-1576)[3] geschaffen hat, so sieht man vor allen Dingen den blauseidenen, gesteppten, riesigen Ärmel, der – mit aller Kunst gemalt – einem entgegengeschoben wird: *Stoff!* Und darüber der selbstbewußte Kopf. Worauf basiert dieses Selbstbewußtsein? Im wahrsten Sinne des Bildes: auf dem Stoff. Umfassender gesagt: auf der Materie. Von sich selbst zeigt der Mann nicht viel – keine schöne Hand, keine freie Brust. Unserem Interesse an seiner Persönlichkeit schiebt er den geblähten, kostbaren Ärmel entgegen, kühl in der Farbe. Aufbau der eigenen Persönlichkeit auf diesem Graublau wie auf einem Sockel. Erhöhung des Selbst durch das Widerlager der Stofflichkeit. Er arrangiert seine Haltung entsprechend. Die Haltung gelingt ihm. Ein Renaissance-Mensch, den man sich bei einem Gastmahl vorstellen kann – genußsüchtig, ehrgeizig, eitel, aber nicht ohne einen großen Zug. Er hat Ziele, und die weltmännische Weite des damaligen Venedig prägt ihn. Er weiß, daß er bedeutend ist, und wünscht vor allem, daß andere es bemerken.

Freilich ist auch schon die Anlage zur Ironie da, die über große Ziele spottet. Eine Tendenz zur Senkung der Mundwinkel wird durch die Führung des Bartes hervorgerufen. Haar und Bart sind sehr sorgfältig auf das Gesicht abgestimmt. Himmelstürmendes, Aufflammendes gibt es hier nicht. Schwarzer Mantel, weiße Halskrause und grüner, ganz unbewegter Hintergrund. Keine freie Bewegung. Bis in die Denkbewegung hinein ist als Ideal fühlbar: Abstützung auf dem Irdischen. Keine offene Hand – man läßt sich nicht in die Karten sehen, man schiebt die «kühle Schulter» vor. – Ein meisterhaftes Bild. Gewählte Mittel und Aussage decken sich.

Im gleichen Museum ein Porträt, etwa hundert Jahre später – ein Selbstbildnis Rembrandts (Abb. 13). Nur warme Farbtöne, braun und rötlich, dazu ein schmaler weißer Rand unter der Kappe und weißgelbes Licht auf dem Antlitz. Die Position des Gemalten ist ähnlich, die Haltung aber so grundverschieden wie die Farben. Die rechte Schulter ist zurückgenommen, der Blick auf die Brustregion frei. Der Arm wird nicht gehoben und nicht aufgestützt, die Schulter zeigt im Gegenteil eine stark sinkende Linie. Nichts an dem pelzbesetzten Mantel ist da, um zu schmücken oder gar «arrangiert» zu sein, sondern nur um zu wärmen. Und so ist es gemalt. Der Ärmel: umhüllend, warm, schmucklos – aber nicht gleichgültig und unbedeutend. Das Antlitz erlaubt dem Licht, all seine Tiefen und Erhebungen, seine Schatten und Hellungen zu entdecken. Es

Abb. 12: Tizian, Männerporträt. National Gallery, London.

83

verbirgt sich weder, noch setzt es sich in Positur. Der etwas abwärtsgleitende Blick schaut aus dem Bilde heraus, dem Betrachter entgegen, aber er meint den Betrachter nicht. Da es ein Selbstbildnis ist, blickt der Malende sich selbst an. Kein glattes Gesicht, obgleich bartlos, kein aufgesetzter Blick, der die Schulterhaltung bestärken möchte. Der Renaissance-Mensch ist überholt; das stolzgeblähte Bewußtsein an der Schwelle zur Neuzeit verflogen; Sorgen und innere Kämpfe belasten das Leben. Der Maler ist im dreiundsechzigsten Jahr. Graues Haar kommt unter der Kappe hervor. – Welch ein weiter Weg von Rembrandts Selbstbildnissen mit dem großen Barett und den kühnen Federn am Hut! Das ist vorbei; das gibt es nicht mehr. Aber auch kein gesenkter Kopf, keine Armut in Grau. Auch keine gesuchte Alterswürde – überhaupt nichts mehr. Warum erschüttert das Bild? Haarscharf auf der Grenze zur Resignation, und doch keine Resignation. Aber eine «Fassung». Der sich da selbst anblickt, will sich nichts mehr vormachen. Nur hinsehen, wie es ist und gewesen ist. Und diesen Blick ertragen, bejahen. Er nimmt sich selbst an der Hand – geschlossener Kreis – er sucht *bei sich selbst* Fassung. Das Ende des Lebens ist nicht mehr weit, Rembrandt wird im gleichen Jahre sterben. Es löst sich alles von ihm ab, alles, was gewesen ist: Triumphe, Verfehlungen. Prüfender Blick auf das, was ihn ausmacht. Übung, ruhig standzuhalten. Objektiv, ohne etwas hinzuzutun oder wegzunehmen. Er macht keine Grimasse, er lacht sich nicht an, er prüft sich nicht. Auf der Schicksalsgestalt des Lebens und

Abb. 13: Rembrandt, Selbstbildnis, 1669.
National Gallery, London.

ihren Zeichen im eigenen Antlitz ruht das Sinnen. Hinter dieser Ruhe liegen die Stürme der Selbstsuche. Durch alle Gesichter immer wieder der Blick auf die eigenen Züge. Auch jetzt noch. Aber jetzt scheint er etwas zu finden, was er nie fand. Weil er nichts mehr sucht für dieses Leben: nur Selbsterkenntnis. Ein Mensch, der reif ist, sein Karma zu schauen. Der die Erschütterungen zurückhält – *der sich selbst erträgt.*

Zwei Porträts, zwei Welten. Die Formsicherheit des einen, die wohlgesetzte Proportion, die bewußte Abstimmung der Farben – das alles liegt auf dem Wege, welcher Schönheit, Idealisierung (schönen Schein) und Befolgung ästhetischer Gesetze sucht. Dieser Idealweg gerät mit sich selbst in Widerspruch, wo man ihn zur Erhöhung der allzu irdischen Persönlichkeit anzuwenden beginnt. Er streift dann an oder über die Grenze des Hochmuts. – Das andere Porträt: Hier wird malerisch kein Weg gegangen, der sich an Glanz und schönem Formenspiel orientiert. Nicht zur Schönheit – zur Güte zielt dieser Weg. Güte wird Schönheit von innen und taucht Runzeln und Alter in ein Licht, das nicht nur äußerlich ist, sondern dem eine Qualität anzufühlen ist, die man nennen möchte – Gnade. Gnade als das Innenlicht Gottes macht menschliche Existenz möglich und durchwirkt den Lebenslauf. Der Mann auf dem Bilde hat ein sicheres Selbstbewußtsein, aber er fühlt sich nicht abgegrenzt, sondern eingetaucht und umhüllt. Persönlichkeitsstolz ist weggeschmolzen, *Individualität* blickt durch die Maske des Irdischen,

86

rafft die Haltung, rafft die Gesichtszüge und blickt durch die Augen, aus der Tiefe des Unvergänglichen gespeist, auf die vergängliche Erscheinung. Mit diesem Selbstbewußtsein paart sich Demut.

Das Apollinische ist kalt geworden bei dem Männerbildnis Tizians. Die irdische Persönlichkeit schluckt mehr davon auf, als sie sollte.

Dionysisches hat sich zum Träger der Menschlichkeit gewandelt bei Rembrandt. Fackellicht wird Seelenwärme.

Das erste Bild bewundert man. Das zweite Bild bewegt die Seele und erweckt Schicksalsbewußtsein.

Hat der Kosmos eine Seele?

Van Goghs «Sternennacht» und
«Zypresse mit Stern»

Der Maler Vincent van Gogh hat sich besonders in seinen letzten Lebensjahren viel mit den Sternen befaßt. Wenn er «furchtbares Bedürfnis nach Religion» hatte, dann ging er in die Nacht hinaus, um die Sterne zu malen, so schrieb er einmal an seinen Bruder. Was seinen Blick zu den Sternen erhob, war eine innere Suche, eine Frage nach dem Wesen des Seins und nach dem Zusammenhang von Mensch und Kosmos. Die Religion, die ihm die Kirche vermittelte, gab ihm offenbar auf seine Fragen keine Antwort. Immer wieder versuchte er, die geheimnisvollen Lichtrunen der Nacht mit der Seele zu entschlüsseln und ihnen mit dem Pinsel nachzuspüren. Im Juni 1889 gelang ihm das eindrucksvollste Bild dieses Themas – die «Sternennacht» (Abb. 14).

Van Gogh befand sich zu der Zeit in Saint-Rémy in einem früheren Kloster, das als Psychiatrie-Anstalt diente. Er hatte sich freiwillig als «internierter Pensionär» dorthin begeben, um bei einem Anfall (wie er ihm einige Zeit vorher ausgesetzt gewesen war) in einer geschützten Umgebung zu leben. Er bewohnte eine Zelle. Sein Fenster war vergittert. Er malte unentwegt.

Auf diesem Bild ist die Welt der Menschen klein geworden, und der Himmel beherrscht die Szene. Große Sterne mit einem leuchtenden Umfeld stehen unregelmäßig verteilt auf blauleuchtendem Grund. Wie die Sterne, so umgibt auch den Mond eine Lichtaura. Er ründet sich darin wie eine Form, die etwas zu umschließen sucht und es doch nicht darf. Die etwas wie in letzter Innigkeit festhalten möchte, was sie hergeben muß.

Auf der Erde eine kleine Ortschaft, in Blaugrün gebettet. Unbewegt. Wie festgewachsen auf der Erdenfläche. Die Beziehung zum hellen Gelb der Gestirne liegt einzig in den wenigen erleuchteten Fenstern: spärliches Innenlicht, das der kosmischen Brandung im Himmelsfeld korrespondiert. Wie die Sterne einzelne Lichtkolonien sind, so auf Erden einzelne Seelen. Der spitze Kirchturm zeigt zwar nach oben, aber die Kirche ist nicht erhellt; stumm und dunkel sind ihre Gebäude.

In der Mitte des Himmels zieht ein Wirbel die Aufmerksamkeit an. Er bewegt sich zwischen den Sternen, geht nicht von ihnen aus und tangiert sie auch nicht. Wie ein großer Strom kommt von links im Wellenschwung eine Kraft herein. Ein anderer Strom nimmt Kraft und Bewegung im Zentrum auf und führt sie in kleinerem Schwung nach rechts weiter, aus breiter Fülle sich immer zarter formend, und schlägt sich am

Abb. 14: Van Gogh, Die Sternennacht.

Museum of Modern Art, New York.

Ende so zurück, daß es fast einen Kreis bildet. Vielleicht ist das Ganze auch ein einziger Strom, der von einer unsichtbaren Kraft in der Mitte zum Wirbelzentrum und Umschlagspunkt geformt wird.

Um dieses Geschehen vibriert der ganze Himmel und begleitet es mitklingend, wovon sich die Umkreise der Sterne und des Mondes selbständig abheben.

Was geht da vor? Ist es himmlische Begleitmusik zu einem besonderen Ereignis? Sind es bewegte Zeichen im Astrallichte, von denen die geduckten Häuser nichts wahrnehmen? Wie groß ist der Abstand dieser ängstlich gesicherten Rechtwinkel-Welt zum brausenden Kreisen in der Höhe! Wie traurig die Abweisung der Größe durch die erdgebundene Kleinlichkeit. Welche Ohnmacht des Himmels, sich den Menschen verständlich zu machen, wenn sie sich unter ihren Dächern ducken. Nur die Zypresse, wie ein ernster Mahner, verbindet beides.

Ein amerikanischer Forscher (Albert Boime, Universität Los Angeles) will herausgefunden haben, daß van Gogh, der «geradezu besessen von astronomischen Phänomenen» gewesen sei, die genaue Himmelskonstellation der Nacht vom 19. Juni 1889 auf diesem Bilde dargestellt habe. Womit er sagen will, daß es sich nicht um die Halluzination eines Geisteskranken handelt. Solches festgestellt zu lesen ist erfreulich, doch das Bild ist damit nicht erklärt. Würde jemand aus Interesse an Astronomie die Gestirnstellung fotografieren, so sähe das erheblich anders aus. Van Gogh jedoch malt – bei genauer Sicht auf das Irdische – viel mehr, als die Lichtpunkte dem irdischen Auge ergeben. Das eigentliche Ereignis vollzieht sich *zwischen* den fest georteten Sternen. Daß er die Kirche hinzufügt, die er bei dem Blickwinkel aus seinem Zellenfenster gar nicht sehen konnte (wie man ebenfalls festgestellt hat), bezeugt, daß hier bewußt komponiert wurde.

Man kann das Bild wie einen Aufstand gegen die materialistische Betrachtungsweise des Himmels empfinden. Astralität (Aster: Stern), kosmische Seelenhaftigkeit, schwingt und vibriert in der Sternenwelt. Auf uns Heutige muß solch ein Bild wie eine gezielte Ansprache wirken, die uns zuruft: «Sucht einen anderen Himmel als den, der sich mit Raumschiffen erreichen läßt!»

Nach verschiedenen Vorzeichnungen im September 1888 in Arles hatte van Gogh schon einmal eine Sternennacht gemalt. Sie zeigt eine große Bucht, von Häusern umstanden, deren Lichter sich in langen, zitternden Bahnen im Wasser spiegeln. Ein Paar geht Arm in Arm durch die Nacht. Darüber ein reiner, reicher Sternenhimmel. Auch hier tragen die Sterne schon einen Lichtschein um sich, er ist aber nicht besonders groß. Die gewaltige Bewegung des in Saint-Rémy gemalten Bildes fehlt. Auch bei dem «Nachtcafé in Arles» sehen wir einen ähnlichen Himmel. Van Gogh tastet sich voran, sucht, wie er zum Ausdruck bringen kann, was er eigentlich für ein Erlebnis hat. Erst mit der Sternennacht von 1889 erreicht er den Durchbruch, und jubelnd verkündet er es seinem Bruder.

Denn van Gogh war ja gar nicht im äußerlichen

Sinne «besessen von astronomischen Phänomenen», sondern der Anblick des Sternenhimmels «wühlt (in ihm) die ewige Frage auf: Ist des Menschen Leben für uns ganz sichtbar, oder kennen wir vor dem Tode nur eine Hälfte? ... Ich für mein Teil erkläre, nichts von alldem zu wissen, aber immer macht mich der Anblick der Sterne träumen ... Ich sage mir: Warum sollen uns die lichten Punkte am Himmelszelt weniger sein als die schwarzen Punkte (auf der Landkarte) von Frankreich? Wie wir den Zug nehmen, um nach Tarascon oder Rouen zu fahren, so nehmen wir den Tod, um unter die Sterne zu gehen.»[4]

Die Punkte auf der Landkarte stehen als Merkzeichen für Städte, die bewohnt und voller Leben sind. Damit vergleicht van Gogh die Sterne – als Andeutungen für geistige Orte, die voller Leben sind. So wie man als irdischer Mensch ist, kann man nicht dorthin gelangen. Man muß eine Krankheit, die zum Tode führt, benutzen, um in *diese* Sternenwelt zu kommen. «Es scheint mir nicht unmöglich, daß die Cholera oder ein Blasenleiden, die Schwindsucht oder sonst(iges) ein Mittel zur Reise nach dem Himmel sind, wie die Dampfschiffe, die Omnibusse und die Eisenbahnen es auf Erden sind», erklärt er seinem Bruder.

Warum nun aber ist die Sternennacht von 1889 so dramatisch, so bewegt? Warum zieht dieser mächtige Spiralenschwung durch den Himmel, der in dem neu ansetzenden Strom am Schluß etwas wie einen Keim zu bergen scheint? In etwa gleicher Höhe strahlt ein besonders heller Stern nahe über der Erde.

Im Jahre 1879 hatte die geistige Entwicklung unserer Epoche einen tiefen Einschnitt erfahren: Die Regentschaft der himmlischen Intelligenzen wechselte. Auf Gabriel, der seit 1510 die Herrschaft innehatte, folgt ab 1879 der Sonnen-Erzengel Michael, der streitbare Kämpfer gegen die Widermächte, dessen Zeitenführung sich auch auf Erden immer entsprechend bemerkbar macht. Geistige Kampfeslust weht aus den Himmeln herab, wenn er das Zepter ergreift. Rudolf Steiner spricht viel von den achtziger, neunziger Jahren des vorigen Jahrhunderts. Einerseits läuft auf Erden die Entwicklung in Wissenschaft und Kunst scheinbar unberührt weiter, «aber gerade in diesen Jahren gab es noch ein anderes Geschehen. Da war ein dünner Schleier, und hinter diesem dünnen Schleier da war eine an unsere physische Welt stark angrenzende Welt». Da «spielten sich gewaltige Erscheinungen ab, die sich alle herumgruppierten um das Geistwesen, das wir als Michael bezeichnen. Da waren mächtige Anhänger Michaels ... aber auch mächtige dämonische Gewalten, die sich auflehnten unter ahrimanischen Einflüssen gegen das, was durch Michael in die Welt kommen sollte ... Hinter den Kulissen, hinter diesem dünnen Schleier, in der Region des Michael, da wurden die großen Lebensfragen aufgeworfen.»[5] – «Es war im letzten Drittel des 19. Jahrhunderts wirklich so, daß ... geistig und seelisch intensive Menschen stark haben verspüren können das Hereindringen der Michaelkräfte in die Welt.»[6]

Abb. 15: Van Gogh, Ein stiller Sommerabend (meist «Zypresse mit Stern» genannt). Rijksmuseum Kröller-Müller, Otterlo.

Gehörte van Gogh zu ihnen? Spürte er das geistige Gewitter hinter dem physischen Himmel? War es diese Erschütterung, diese Umschichtung hinter den Kulissen des Sichtbaren, die so gewaltig in ihn einschlug? Gehen uns deshalb seine Bilder soviel an?

∾

Ein Jahr nach der «Sternennacht» greift Vincent das Himmelsthema in einem Tagbild auf. Was er hier erzählt, ist das Thema himmlischer Polarität. Nennen wir das Bild «Ein stiller Sommerabend» (Abb. 15); obgleich es im Mai entstand, fängt es schon die Stimmung eines Sommerabends ein. Er malt auch dies in der Heilanstalt von Saint-Rémy in der Provence, die er aber im selben Monat noch verläßt, um nach Auvers zu gehen, in der Hoffnung, die Nähe des Arztes Dr. Gachet werde ihm Hilfe und Besserung bringen.

Im Vordergrund des Bildes sehen wir zwei Männer – der eine mit geschulterter Schaufel, der andere mit den Händen in den Jackentaschen. Sie scheinen nach getaner Arbeit heimzugehen. Ihnen folgt ein zweirädriger Karren, in dem ein Paar sitzt, das wohl auch vom Tagewerk heimkehrt.

Trotzdem es noch so hell ist, daß man dieses und das Haus im Hintergrunde erkennt, scheint der Himmel bereits nächtlich zu sein. Die schmale Mondsichel kann Licht nur spärlich verbreiten, und das andere Gestirn – so nahe – kann die sinkende Sonne nicht sein. Es wird allgemein als Stern bezeichnet, zumal links unter ihm ein zweiter kleiner Stern erscheint. Das Licht ist

97

demnach irrational. Ob Tag- oder Nachtlicht, ob im Übergang vom einen zum anderen, läßt sich nicht mit Sicherheit sagen, aber die Gesamtstimmung ist so, daß man fühlt: Feierabendstunde. Es ist sehr ruhig. Keine Vögel; auch kein Hund oder Huhn auf der Landstraße. Zur Seite des Weges ein Schilf- oder wohl eher ein Getreidefeld, durch einen grünen Saum von der Straße abgetrennt. Wie eine Insel züngelt inmitten der Straße ein grüner Fleck zum Wegrand unter der Zypresse. Im Hintergrund der schmale blaue Ausschnitt einer sich hinziehenden Hügelkette.

Am auffälligsten ist die hohe Zypresse, welche die beiden großen Gestirne und ihre Himmelsseiten voneinander trennt. Sie zerschneidet nicht eine einheitliche Fläche, sondern sie setzt Zäsur zwischen Himmelsbewegungen aus starker Strichelung, die sehr unterschiedlich sind. Die Mondseite hat etwas Saugendes, die Sternseite etwas Wirbelndes, Ausstrahlendes, Sonniges.

Der Kreis um den Stern scheint sich immer mehr zu vergrößern, indem er durch seine Anziehungskraft weitere Strichpartikel zu sich zieht. Auf der Mondenseite jedoch bekommt die Bewegung im mittleren Feld die Tendenz zur Stülpung nach innen und damit zum Verlassen des Flächigen, zum Bilden von Innenraum. Auch der Mond, nur mit einem Rand in der Sichtbarkeit, sonst aber ins Unsichtbare verschwindend, gibt auf seine Weise ein Zeichen für «Innen». Innen als der nicht sichtbare Raum, der sich aus der Fläche in die Tiefe zurückzieht.

Diese Tendenz ins Innere, fort aus der Sichtbarkeit, prägt die rechte Seite, während die sonnenhafte Sternregion sich breit und voll entfaltet. Herumfliegende Teilchen scheint sie zu ordnen und harmonisierend einzubinden in die Kreisbewegung um einen hellen Mittelpunkt.

Ausstrahlendes und Einsaugendes stehen sich gegenüber, durch die Zypresse getrennt. Ihre spitz nach oben strebende Tendenz ist wie naturhafte Gotik, aber flammende Gotik (die «Flamboyant-Gotik» war eine Erfindung Frankreichs), Gotik, verstanden als Ausdruck des Höhenstrebens, das sich hier kraft einer flammenden Unruhe von Zweigbündel zu Zweigbündel nach oben fortpflanzt. Das Grün der dichten Zweige ist tief durchschattet.

Durch Farbe und Kompaktheit steht der Baum stark im Vordergrunde, der blau getönte Himmel indes weicht durch die Farbe ins Ferne zurück. Die gegensätzliche Ausgewogenheit der himmlischen Doppelbewegung wird für uns so markant, weil wir mit dem Maler den Baum genau auf diese Weise im Blickfeld haben. Solche ausdrucksstarken Momente kann man manchmal auf Wanderungen einfangen, wenn etwa die Mondsichel zwischen zwei einsamen Pappeln schwebt oder bestimmte Wolkenbildungen sich um einen Gipfel oder Wipfel hängen und sich plötzlich etwas wie eine gewollte Komposition ergibt. Der Maler hat diesen Standpunkt mit Blick auf die Zypresse zweifellos gehabt, aber es handelt sich ebenso sicher nicht nur um das Abmalen einer äußeren Situation.

Weichen wir mit dem Blick von der Zypresse nach links und rechts ab, so bemerken wir, wie die Strichelung, durch welche van Gogh den Himmel belebt, auf der rechten Seite aufwärts strebt bis zu jener «Innenbewegung», die – wie eine Chrysantheme ihre schmalen Blütenblätter – die Striche zueinanderbiegt. Eine fast räumlich saugende Kraft zieht die Striche bis zur Mitte des Himmelsfeldes hoch. Links dagegen kann man zum einen erleben, wie die Strichpartikel in die flirrende Kreisbewegung nach oben mit einströmen wollen, man kann aber auch die Sehweise umkehren und kann sie als von oben ausgeschüttet empfinden. Dann erleben wir: Die sonnenhafte Drehbewegung streut aus!

Dann hat man Geben und Nehmen. Inkarnieren und Exkarnieren, zur Erde Herunterfluten und Wegstreben von der Erde als Gegensatz des rechten und des linken Himmelsfeldes.

Und dann ist da die Straße. Man kann sie episch und kann sie dramatisch auffassen. Episch erlebt man sie, wenn man sie als ein ruhiges Dahinziehen von unten nach oben wahrnimmt, als von irgendwoher kommend, irgendwohin gehend; ein abendlicher Fahrweg in einer wenig bewohnten Gegend. Würden uns nicht die Menschen und der Wagen zeigen, daß es sich um eine Straße handelt, so könnte es aber auch ein Fluß sein, der von oben nach unten strömt. Sieht man so, dann ergibt sich ein starkes Gefälle gerade dort, wo sich der Wagen befindet. Dann müßte im nächsten Moment das Pferd in den Wasserfall hinuntergerissen werden. Der Schwung der Strichelung und das vertiefende Dunkel macht diesen fließenden, strömenden Eindruck und ruft den «Wasserfall» hervor. Hat man ihn einmal gesehen, ist es schwer, ihn aus der Vorstellung wieder wegzubekommen, und es dauert eine Weile, bis man den epischen Weg ohne Gefälle wiederfindet.

Die Unruhe der Striche im Getreide, am Himmel, auf dem Weg, dazu die Kompaktheit der menschlichen Gestalten geben einen Kontrast, der den Eindruck erweckt: Wie geht der Mensch doch ahnungslos durch eine klingende, erregte Welt- und Natur-Geistigkeit! Wie lebt er eingeschlossen in sich und spürt (wie das Paar in der bergenden Hülle der Gemeinsamkeit) nicht, wie nahe er oft einem Absturz ist.

Und über ihm: Ständig schüttet der Kosmos Samen aus, ständig holt er Gereiftes, holt er «Halme» wieder zurück. Die ruhigen Sommerabende – ihre Erfülltheit speist sich aus den geheimen Vorgängen hinter dem Sinnenschein. Wehe, wer den Schleier der Maja durchbricht, ohne gefestigt zu sein. Er bezahlt das Geschenk mit Lebenskraft. Van Gogh nahm das Geschenk und gab es in seinen Bildern weiter. Die Leiden mußte er für sich behalten.

Sehnsucht der Schöpfungsmächte nach dem Menschen

Das «Lichtesweben»

Mit dem ersten Kapitel wurde das Thema «In der Mitte der Mensch» angeschlagen. Dort: Der Mensch zwischen Göttern. Die Götter verschwanden mehr und mehr, der Mensch nahm sein Schicksal selbst in die Hand. Dennoch blieben sie im Hintergrunde wirksam und leuchteten durch alle Geschichte und alles menschliche Ringen hindurch. Immer ging es im Grunde darum: *Wo* steht der Mensch und *wie* steht er zwischen welchen Mächten? Wie befreit er in sich, was van Gogh in den Sternen suchte, und wie führt er beides zusammen?

Der Künstler von Eleusis wußte eine Antwort. Es war ein Wissen, das man nur durch die Mysterien erlangen konnte. Damals. Heute ist alles öffentlich. Geheime Weisheitsstätten entsprechen dem modernen Bewußtsein nicht mehr. Kann es nun nie mehr Bildwerke geben, die ruhig und kraftvoll davon künden, wie der Mensch berufen ist, dem Werdewillen der Gottheit ein Mitarbeiter zu sein? Wird nirgendwo mehr mit solchen Fragen umgegangen, derart, daß sie sich künstlerisch manifestieren? Oder sehen wir es nur nicht, wie auch in früheren Zeiten manches Aktuelle nicht bemerkt wurde?

Ich suchte ein Schlußkapitel für dieses Buch; ein Kapitel, das sich mit dem Anfang zusammenschließen und das große Thema «Der Mensch zwischen Göttern» in einer heutigen Form aufgreifen würde. Es schien aussichtslos. Dann fiel mein Blick auf ein Bild Rudolf Steiners. Zwar war ich lange damit vertraut, hatte es aber nie in Zusammenhang mit diesem Büchlein gesehen. Rudolf Steiners Malerei ist relativ unbekannt; das liegt zum erheblichen Teil daran, daß es so schwer ist, sie zu beschreiben. Sie ist so lebendig! So flutend-bewegt. Und sie hat Themen, wie man ihnen sonst nicht begegnet. Alle seine malerischen Werke und Skizzen wurden im Zusammenhang mit einer aktuellen Situation geschaffen. Sie entstanden, weil sie gebraucht wurden. Rudolf Steiner war nicht Maler von Beruf, nicht Bildhauer, nicht Architekt, aber alle diese Gebiete – und noch viele andere mehr – erhielten durch ihn ganz neue Impulse.

Die Bemerkung, daß Rudolf Steiner nicht Maler war, reicht für manche Menschen aus, seine Bilder als Laienkunst, sprich Dilettantismus, zu klassieren. Sie sehen nicht, daß hier ein singulärer Fall vorliegt. Aber selbst wenn man das außer acht ließe, würde ein Blick in die Vergangenheit zeigen, daß solch ein vermeintlicher Schatten auf viele der größten Künstler fallen würde. Lionardo da Vinci hielten die Zeitgenossen weniger für einen Maler als für einen Forscher, Musiker und Erfinder. Im Verhältnis zu seiner langen Lebenszeit ist der Umfang seines malerischen Werkes gering. Auch andere Künstler verdienten ihren Lebensunterhalt mehr durch Berufe wie Wasserbaumeister, Architekt und Archäologe als durch den Pinsel; gleichwohl hießen sie Raffael, Grünewald oder Altdorfer, um nur einige zu nennen.

Es war in der Vergangenheit offenbar leichter, an jenen Quellpunkt künstlerischen Schaffens – oder überhaupt schöpferischer Betätigung – zu gelangen, von dem aus man sich in die verschiedensten Richtungen wenden konnte und auf verschiedensten Gebieten, die heute säuberlich getrennt werden, Bestes zu leisten imstande war. Rudolf Steiner ist nicht Nachzügler solch alten genialen Stroms, sondern er lebte als moderner Mensch das Phänomen vor, wie man von *einem* Quellpunkt aus Erfrischung auf viele verschiedene Gebiete fließen lassen kann. In einer Zeit, da uns das System des Spezialistentums geradezu rettungslos überzieht, ein tröstlicher Ausblick! Deshalb aber konnte er auch auf einem einzelnen künstlerischen Felde nicht ein Leben lang ein Tätiger sein, sondern wurde vielmehr durch je wenige Werke zum großen Anreger und Bahnbrecher.

Im Sommer 1911 bereitete man in München das zweite seiner vier Mysteriendramen zur Uraufführung vor. Für eine der Hauptgestalten, den jungen Maler Johannes Thomasius, wurde ein Bild benötigt, vor dem er – an seiner Staffelei stehend – bestimmte Worte zu sprechen hat. Ein Bild also, das zu diesem

Text passen muß. Um diese Aufgabe zu lösen, griff Rudolf Steiner selbst zum Pinsel und schuf in Temperatechnik (wahrscheinlich mit gerade bereitstehenden Kulissenfarben) im Breitformat von 102 zu 67,5 cm das sogenannte «Ätherweben» oder «Lichtesweben».

∞

Ein wundervolles Rot füllt den größten Teil des Bildes aus – teils aufgelichtet, teils satt und kraftvoll sich vertiefend; hier von Blau überhaucht und dadurch zum Violett gesänftigt, dort von Gelb zu Ocker gestumpft. Darin tauchen in blau-, gelb- und ockerfarbenen Nuancen Wesen auf; blaue Blitze zucken zwischen ihnen.

Der Fülle dieses Rots, das feierlich, aktiv, erfrischend und durchglühend zwei Drittel des Bildes beherrscht, hält unten in der rechten Bildecke ein helles Grün das Gegengewicht. Ein Grün, wie man es manchmal am Abendhimmel auftauchen sieht, überraschend inmitten der Rot- und Goldtöne, triumphierend, auffallend, ohne grell zu sein, von Seligkeit des Lichtes ganz durchstrahlt, ohne stechend zu werden, eine Farbe, die sich auflösen möchte und sich zugleich intensiviert. Ihr Auftreten inmitten der von Rot beherrschten Welt hat etwas Plötzliches, so auch hier auf dem Bild: das kleine Eckchen klare Helligkeit benimmt sich keineswegs als in die Ecke gedrängt und setzt sich gegenüber allen anderen Farben durch.

In weniger klarem, grün und blauem Durcheinanderweben schließt sich dann die untere Zone des Bildes – mehr in die Waagerechte strebend – an.

Abb. 16: Rudolf Steiner, Lichtesweben.

107

Und hier aus diesem Blauen und Gruneln steigt wie mit ausgebreiteten Armen eine Gestalt auf, deren Kopf und Oberkörper sich gelblich-ockerfarben nuancieren.

Links wie rechts umschweben je zwei Wesen dieses menschenähnliche Gebilde, wobei die Rechtswelt und die Linkswelt in ihrem Charakter sehr verschieden sind. Die Rechten ruhen; sie haben – wenn auch nicht ihren «Standpunkt», so doch ihren Ort gefunden, von dem aus sie ihre Blicke senden. Beide zeigen sich im Profil, der untere nach oben, der obere nach unten blickend.

Die linken Wesen dagegen befinden sich in kreisender und, wie es scheint, unaufhörlicher Bewegung. Ihre Häupter und die ausgebreiteten Arm- oder Flügelzonen fallen oder stürzen abwärts. Aber den Begriff von oben und unten entnehmen wir nicht ihnen, sondern den anderen drei Gestalten auf diesem Bilde, denn den linken Wesen ist oben und unten offensichtlich völlig gleich. Für sie gibt es diese Fixierung nicht. In «schaffender Werdelust» stürzen sie aus dem Ätherrot – sich verdunkelnd – in die Blau-Grün-Zone hinab. Durch sie erleben wir, daß dieses Bild in einen *Vorgang* hineinführt.

Alles an ihnen ist frontal, die ausgebreiteten Schwingen ebenso wie die Gesichter, die mit hartem Blau strichhaft so gezeichnet sind, daß man sieht: Es sind *keine* Menschenantlitze, sie sind außer-menschlich oder vor-menschlich, mehr geistig-elementar. Das «Profil-Wesen» der rechten Seite wäre ihnen ganz unangemessen. – So haben wir links eine mehr urtümlich schaffende, ruhelos bewegte, von Werdewillen durchpulste Zone, rechts dagegen eine betrachtende und beurteilende.

Da ist oben – ganz im Rot – die hellste von allen Gestalten; von leuchtendem Gelb Brust und Haupt, edel das bärtige Antlitz mit klassisch-gerader Nasenlinie. Einen blauen Schatten wirft der Kopf ins Ätherrot durch sich selber hinein und hebt sich dadurch noch «profilierter» hervor. Großäugig gleitet der Blick abwärts, als bewache und beobachte er die blauen Blitze, die über dem Haupt der Mittelgestalt zucken. Diesem Bärtigen möchte sich ein Name gesellen – Zeus!

Von unten, rechts am Ufer des hellen Grüns, taucht der zweite alte Mann oder Gott auf und bekleidet sich mit der Blau-Ocker-Zone. Sein Flügelschwung durchschneidet die leuchtend-grüne Insel in seinem Rücken, sein Profil hat etwas Aufnehmend-Schalenhaftes. Das goldgelbe Lichtwesen des Gottes in der oberen Zone fehlt ihm.

Ja, dieser «Zeus» mit dem stark geformten Edelmaß seiner Züge muß malerisch wirklich ebenso oben sein, durch ein Herabblicken charakterisiert, wie der andere aufblickend unten. Nichts ist hier austauschbar, Form- und Farbwelt geht ganz ineinander auf.

Auch ist der Untere in seinem Körper noch nicht so weit ausgebildet und von seiner Umgebung emanzipiert wie droben «Zeus», der darin klarer und fortschrittlicher ist. Ebenso ist das Blau vor des Unteren Antlitz noch ungeformt und strömt auf den rechten Arm des Mittelwesens über.

Näher den Werdefluten, den Weltenwassern scheint dieser Gott, näher dem Dunkelheiten-Wesen, das sich in die Verdichtung zu senken bereit ist, das aber sein Geburtslicht aus dem hellen, reinen, durchlichteten Grün bezieht, das von rechts hereinströmt und sich wie eine Bucht ergießt, die Blau- und Ockertöne in sich spiegelnd. Wie durchsichtig-klare Kristallwelt – entmaterialisiert oder *vor*-materiell – ist dieses Leuchtegrün. In dieser Zone überwiegen die Formkräfte nicht, wohl aber die Geburtsgewalten.

Von hier aus steigt das Mittelwesen auf, die Menschenknospe: jung, mit einer sanften, zukunfttragenden Schönheit, die es deutlich von allen anderen Wesen unterscheidet. So fern aller naturalistischen Darstellung, so ohne Sentiment, und doch so weich und tief im Ausdruck.

Auf dieses Mittelwesen sind die Bemühungen der linken und ist die Aufmerksamkeit der rechten Wesen gerichtet. Seine Geburt wird befördert, sein Erscheinen beobachtet, sein Entstehen mit ernster Achtsamkeit gelenkt.

Da breitet es die Arme aus und taucht nach rechts und links in die verschiedenen Welten ein – in das blau-strömende Dunkel, in das angeleuchtete Kreisen, und über seinem Haupte zucken die Blitze einer oberen Welt, deren scharfe, dezidierte, schon linienhafte Formung zum unteren Verfließen in Kontrast steht.

Zwischen Oben und Unten, Rechts und Links, ja zwischen Vor- und Rückwärts wächst das Wesen auf, denn die Grünzone scheint auch *vor* ihm zu liegen, die

Blitzzone auch *hinter* seinem Haupte. Alles wollen die Götter diesem Wesen geben, von allen Richtungen wirken sie ein und bilden Substanz aus eigener Substanz, strahlen und stauen zusammen, daß ein Neues sich bilde. Um so wirken zu können, erschaffen sie sich selbst als «Götter» für dieses Wesen, als verantwortliche Lenker und Leiter – am Entstehen einer neuen Lebens-Hierarchie beteiligt.

Wie kann solch ein Bild werden? Wie wurde der Pinsel geführt, daß alle Farben so voller Kraft und doch so gänzlich ohne Emotionen sind? Eine sachliche Lauterkeit, eine kühle Klarheit, von Geistesfeuer sogleich aller Kälte entrissen – und welcher Eindruck von Ruhe bei soviel Bewegung!

Ein äußerer Vergleich mit einem anderen malerischen Werk wird sich nicht finden lassen. Bei der Suche nach Erinnerungen, die Anschluß an Bekanntes geben könnten, taucht das im ersten Kapitel kurz erwähnte plastische Werk «Geburt der Aphrodite» (Abb. 3) wieder auf. Wer einmal in Rom vor diesem Marmorrelief gestanden hat, das man auch «Ludovisischer Thron» nennt, und wer empfand, wie dort der Künstler aus den rieselnden Ätherwellen eine neue Weltenkraft auftauchen läßt, einen neuen Weltenton, den es vorher nicht gab – Neubildung einer Göttin, die zugleich Herrin neuer Fähigkeiten im Menschen ist –, der hat auch an der «Geburt der Aphrodite» etwas von diesem Werdeweben hinter dem Schleier des Gewordenen erahnt. Rudolf Steiners Bildwerke, gleich welchen Themas, führen alle in ihrer Art mehr in die

Sphäre des Werdenden als in die gewordene Welt hinein.

Zu welchen Worten im Drama wurde dieses Bild gemalt? Wie spricht sich Thomasius darüber aus? Er sucht zu erklären, auf welche Weise die Gespräche mit seiner Freundin Maria in ihm zur künstlerischen Anregung werden. Darf er ihren Schilderungen zuhören, so erschaffen sich in ihm unsichtbare Bilder. Das drängt ihn an die Staffelei. Dort suchte er in diesem Falle ein gewaltiges Weltenthema auszudrücken: das Thema der geistigen Schöpfung des Menschen.

«Wie Ursprungskräfte sich in Sehnsucht dichten, und Schöpfungsmächte geistend sprühen, und schon, den Menschen fühlend, seinbedürftig, als Götter sich im Zeitbeginn erschaffen»,[7] das hat er durch viele künstlerische Krisen hindurch – zeitweise es als Vermessenheit empfindend, zeitweise wie vor einer Unmöglichkeit fast kapitulierend – auf der Leinwand ausdrücken wollen.

Es wuchs ihm (oder vielmehr Rudolf Steiner) in der Farbenwelt die Menschenknospe empor, eingetaucht in das schwingend-bewegte Ätherrot, noch selbstunbewußt und unschuldig. Von Ursprungskräften verdichtet, von Schöpfungsmächten, die «geistend sprühen», zum Entstehen gerufen. Diese Mächte fühlen den Menschen schon vor seinem Erscheinen voraus. Sie sehnen sich nach ihm, sind «seinbedürftig», denn er fehlt ihnen in der Welt. Deshalb bilden sie ihn. Und indem sie ihn bilden, schaffen sie sich selbst für ihn als Götter in den Zeitbeginn hinein.

Thomasius, als Künstler, hat die Empfindung, daß die Farbenwelt danach drängt, sich (nicht immer nur naturalistisch, sondern) geistverklärt zu erleben und so sich in der Menschenseele zu spiegeln.

Hierin liegt im Grunde ein ganzes malerisches Programm, liegt das Hinstreben zu einem neuen Stil, der sich nicht fürchtet, Geist und Farbe zu vereinen. Ja, es liegt viel Sehnsucht nach einem neuen Aufbruch in diesen 1911 zum ersten Male gesprochenen Worten. Die Künstler damals entwuchsen noch kaum dem Jahrhundert, das nur Farbe und Naturnachahmung zusammenzubringen erlauben wollte. Eine neue, aber meist recht ziellose Suche begann allenthalben. Hier, bei Thomasius, wird klar gesagt, in welche Richtung Rudolf Steiner zeigen will: Die Farbenwelt soll in Zukunft nach einem Bündnis mit dem *Geiste* streben und sich so – durchfeuert und gereinigt – der Menschenseele zeigen. Farbe als solche ist Seelenausdruck. Kann sich die Seele nicht nach dem Geiste sehnen? Den Weg der Sehnsucht nach dem Irdischen, nach dem immer stärkeren Verhaftetsein im Stoff, ist sie gegangen. Es war ein langer Weg durch viele Jahrhunderte hindurch. Er kam an ein Ende. Zwei Möglichkeiten blieben offen: Eine Ehe mit dem zu schließen, was noch unter der Stoffeswelt oder was über ihr liegt. Sich nach der Unternatur oder nach der Übernatur hin zu orientieren. In Johannes Thomasius hegen die Farben Sehnsucht nach dem Bündnis mit dem Geiste. Damit steht er am Beginn einer Entwicklung, die wohl wiederum Jahrhunderte brauchen wird, um sich voll zu entfalten.

Das erste Kapitel dieses Buches war ein großer und ernster Anfang, weil das Bildwerk in die Sphäre der Mysterienwelt von Eleusis führte und dadurch mitten hinein in den Umgang, der in der Antike mit dem Geistigen gesucht und gefunden werden konnte.

Nun hat es sich ergeben, daß dieses letzte Kapitel an eine ähnliche Schwelle führt – wir stehen vor der Frage, auf welche Weise der Umgang mit dem Geistigen *heute* gesucht und gefunden werden kann.

Eines ist bei dem ersten und dem letzten Bildwerk ganz verschieden: Das Eleusis-Relief wird ausgefüllt von menschlichen Gestalten. Auch die Götter zeigen sich in vorbildlich schöner menschlicher Erscheinung und Haltung. Es war noch die Zeit, in der es darum ging, dem Menschen die Richtung in den Körper zu weisen und ihn zu lehren, sein Eingewöhnen in die irdische Welt so zu vollziehen, daß der Körper ihm immer mehr zum vollendeten Lebenswerkzeug werden kann. Die gesamte griechische Kunst bildet vor und bildet aus die Welt der menschlichen Körperlichkeit als erstrebenswertes Ziel. Daß dieser Weg spätestens im 19. Jahrhundert an ein Ende gekommen ist und eine Umwendung fällig wurde, das zeigt sich an der Irritation, in welche die Kunst des 20. Jahrhunderts geriet. Man sucht seitdem, ohne es so zu bezeichnen, Wege, die fort von der Körperlichkeit führen. Wenn die Menschheit die neue Richtung – die wir als eine Ehe zwischen Seele und Geist bezeichnet haben – findet, wird auch die Kunst sie finden. Und umgekehrt.

Rudolf Steiner wagt ein Bild, das weder naturalistisch-körperlich noch abstrakt ist. Was hier als «Götter» erscheint, knüpft auch nicht an die mittelalterliche Form des Schöpfergottes an, der stets menschlich-gestalthaft dargestellt wurde (oder aber aus einer Wolkenzone heraus sich nur mit Antlitz und Geste offenbarte). Bei Rudolf Steiner tragen die Geistwesen den Charakter ihres ganz anderen Existenzbereiches. Sie scheinen wandelbar und gestalthaft wenig verfestigt. Wenn sie sich in das zarte Ätherrot der Bildewelt – als der Zone, wo sich jetzt die Menschenschöpfung vollzieht – hinein zur Erscheinung bringen, wer sagt, daß sie in anderen Geistregionen sich nicht ganz anders manifestieren? Sie sind wie aufscheinende Imaginationen, deren Anblick anders geartete Welten ahnen läßt, aber Welten, die mit dem Menschen in Beziehung stehen. Von denen er ausgegangen ist, um auf der miterschaffenen Erdenwelt Fähigkeiten zu entwickeln, die dem Fortgang des ganzen Weltalls dienen sollen.

Anmerkungen

1 Richard Muther, *Geschichte der Malerei, Bd. 2.* Sammlung Göschen, Leipzig 1899.

2 «Mit dem einundzwanzigsten Jahre wird allmählich im Menschen dasjenige frei, was man die Empfindungsseele nennt; mit dem achtundzwanzigsten Jahre wird die Verstandes- oder Gemütsseele frei, und nachher die Bewußtseinsseele. So ist es beim gegenwärtigen Menschen ... Und die, welche die großen Führer der Menschheit sind, wissen auch, warum das fünfunddreißigste Jahr ein so wichtiges ist. Dante wußte, warum er besonders auf sein fünfunddreißigstes Jahr hinwies, als er erklärte, daß er da jene gewaltigen Weltvisionen hatte, die in seinem großen Weltengedichte niedergelegt sind. Gleich im Anfange der «Göttlichen Komödie» finden wir darauf hingewiesen, daß er diese Visionen im fünfunddreißigsten Lebensjahr hatte. Da ist die Wesenheit des Menschen so weit, daß sie diejenigen Fähigkeiten als Werkzeuge voll benutzen kann, welche am Empfindungsleib, an der Empfindungsseele und an der Verstandes- oder Gemütsseele hängen.» (Rudolf Steiner, *Das Lukas-*

Evangelium, 7. Vortrag, GA Bibl.- Nr. 114, 6. Auflage, Dornach 1968.)

3 Das Geburtsjahr Tizians ist umstritten; viele Quellen geben 1489/90 an, was entwicklungsgeschichtlich wahrscheinlicher ist.

4 Dieses und alle folgenden Zitate entstammen den Briefen van Goghs, von denen es die verschiedensten Auswahlbände gibt. Hier sind sie dem Band von Susanne Rudolph, *Die Krise der Kunst in Malerbriefen aus dem 19. Jahrhundert,* Alfons Bürger Verlag 1948, entnommen.

5 Rudolf Steiner, *Esoterische Betrachtungen karmischer Zusammenhänge,* Bd. 6, Vortrag vom 12. 8. 1924, GA Bibl.-Nr. 240, 5. Auflage, Dornach 1992.

6 Rudolf Steiner, *Esoterische Betrachtungen karmischer Zusammenhänge,* Bd. 3, Vortrag vom 3. 8. 1924, GA Bibl.-Nr. 237, 8. Auflage, Dornach 1991.

7 Rudolf Steiner, *Vier Mysteriendramen*, II. Die Prüfung der Seele, 3. Bild. GA Bibl.-Nr. 14, 4. Auflage, Dornach 1981.

Verzeichnis der Abbildungen

10. Giorgione, Judith. Eremitage, St. Petersburg. Foto: Archiv für Kunst und Geschichte, Berlin.

11. Lorenzo Lotto, Bildnis eines Mannes von 37 Jahren. Um 1535. Sammlung Principe Doria, Rom. Foto: Bruckmann-Bildarchiv, München.

12. Tizian, Männerporträt. 1510. National Gallery, London.

13. Rembrandt Harmensz van Rijn, Selbstbildnis, 1669. National Gallery, London.

14. Vincent van Gogh, Die Sternennacht. 1889. Museum of Modern Art, New York.

15. Vincent van Gogh, Straße mit Zypresse unter Sternenhimmel. 1890. Rijksmuseum Kröller-Müller, Otterlo.

16. Rudolf Steiner, Lichtesweben. Temperaskizze 1911 © Rudolf Steiner Nachlaßverwaltung, Dornach/Schweiz.

In der Lösung von Rätseln, die uns die eigene Seele aufgibt,
entfaltet sich das Geheimnis der menschlichen Freiheit.

1

Einsamkeit

von Adam Bittleston

2

Vom Engel berührt

Schicksalsbegebenheiten
erzählt von Dan Lindholm

3

Weihnachten

Die drei Geburten des Menschen
von Georg Kühlewind

4

Lebenskrisen

Zwölf Schritte zu ihrer Bewältigung
von Julian Sleigh

VERLAG FREIES GEISTESLEBEN

falter

*In der Lösung von Rätseln, die uns die eigene Seele aufgibt,
entfaltet sich das Geheimnis der menschlichen Freiheit.*

VERLAG FREIES GEISTESLEBEN

In der Lösung von Rätseln, die uns die eigene Seele aufgibt,
entfaltet sich das Geheimnis der menschlichen Freiheit.

9

Erfüllte Zeit

Von Meditation und Gebet
und von den Wochentagen
von Adam Bittleston

10

Der Reiter und das Mädchen

Wandlungen einer ersten Liebe
von Inge Ott

11

Vom Rätsel der Angst

Wo die Angst begründet liegt,
und wie wir mit ihr umgehen können
von Henning Köhler

VERLAG FREIES GEISTESLEBEN

In der Lösung von Rätseln, die uns die eigene Seele aufgibt,
entfaltet sich das Geheimnis der menschlichen Freiheit.

VERLAG FREIES GEISTESLEBEN

falter

In der Lösung von Rätseln, die uns die eigene Seele aufgibt,
entfaltet sich das Geheimnis der menschlichen Freiheit.

VERLAG FREIES GEISTESLEBEN

Bücher von Hella Krause-Zimmer

Die zwei Jesusknaben
in der bildenden Kunst

3., neubearbeitete und erweiterte Auflage 1986.
327 Seiten mit 142 Abbildungen, Leinen.

«Ansatzpunkt für die christologische wie für die bedeutungs-künstlerische Ikonologie ist Steiners früher Hinweis (1910) auf die zwei Jesusknaben, auf den ‹nathanischen› und den ‹salomonischen›, wie diese auch im Lukas- bzw. im Matthäus-Evangelium erkennbar sind. Im Lichte solcher Anschauungen hat Hella Krause-Zimmer eine Vielzahl europäischer Kunstwerke betrachtet, ja ‹entziffert›. So dient ihr Buch nicht nur der Steinerschen Christologie, sondern ebenso der ikonologisch engagierten Kunstbetrachtung, und der zweite genannte Punkt macht eine nicht geringe Qualität dieses faszinierenden Buches aus.»   *Reutlinger General-Anzeiger*

Kreuz und Auferstehung

Mysterienspuren in Passions- und Osterbildnissen.
149 Seiten mit 12 farbigen und zahlreichen
schwarzweißen Abbildungen, gebunden.

«Wer sich mit tieferen Sinngehalten der Religionen beschäftigt, den wird dieses Buch fesseln.»   *Coburger Tagblatt*

VERLAG FREIES GEISTESLEBEN

Bücher von Hella Krause-Zimmer

Bernward von Hildesheim

und der Impuls Mitteleuropas.
274 Seiten mit 50 schwarzweißen und farbigen
Abbildungen, Leinen.

Erdenkind und Weltenlicht

Spirituelle Motive in Weihnachtsdarstellungen.
107 Seiten mit zahlreichen, zum Teil farbigen
Abbildungen, gebunden.

«Zahlreiche, zum Teil wenig bekannte Kunstwerke werden abgebildet und sachkundig und erhellend beschrieben, so daß ein Weihnachtsbuch von besonderer Qualität entstanden ist.»
Heilbronner Stimme

Alles durchweben die Götter

Reisen durch die Kultwelt der Ägäis.
2., erweiterte und verbesserte Auflage 1984.
176 Seiten mit 20 Schwarzweißfotos, kartoniert.

«Das Buch verbindet Reiseschilderungen und kunstgeschichtliches Detail mit der Darstellung mythologischer Hintergründe und ist damit weit mehr als ein Reiseführer üblicher Art. Die Autorin versteht es, die geheimnisvolle Welt der Mysterienkulte und Orakelstätten auch in ihrer Beziehung zur ägäischen Landschaft aufleben zu lassen.»
Braunschweiger Zeitung

VERLAG FREIES GEISTESLEBEN